足元からの

学校の安全保障

無償化・学校環境・学力・インクルーシブ教育

中村文夫

編著

明石書店

はじめに――足元からの学校の安全保障

中村 文夫

子どもたちは社会の未来である。現在を生き、未来を拓くための集団的な学びの場である学校の安全保障が大切である。それは人間の安全保障の重要な一つである。

学校における安全性は、新型コロナウイルスの感染拡大（コロナ禍）によって改めて問われることになった。非接触型の生活を強いられたなかで、人と人との出会いは限定され、ともに学ぶ醍醐味を味わうことなく子ども時代が過ぎていった。自分の目と耳で興味を広げるときの心の弾みは禁じられた。代わって「正当さ」を得たのが、デジタル社会の論理である。

学校での生活だけではなく、学習の内容も形態もデジタル化を迫られている。21世紀になって顕著となったその傾向が「スタンダード」になろうとしている。[1]

１９７０年代から80年代にかけて、「ジャパン・アズ・ナンバーワン」と言われた日本はどこにでもある国家の一つになったが、大国意識を捨てられず、国家予算における国防費の増大とそのための増税を計画し、対して教育費等の低下による公教育の弱体化（自己責任化）を進めた。そのなかでコロナ禍という社会的危機に直面した。[2]

そして、２０２２年、ロシアによるウクライナ侵攻は第3次世界大戦の導火線になることも心配される。そこで見出したのはドローンが飛び交うデジタル化した最悪の戦争である。[3]疫病・自然災害と戦争の世紀の始まり、国家のための安全保障の視点から、教育そして学校が再編成されることを恐れる。自民党は２０１８年党大会で採択している改憲4項目の一つに教育の充実を挙げている。[4]

教育は平和の賜物である。今、考え抜かねばならないのは、「安全性」の確保から、「学校における安全保障」への質的転換についてである。

「安全保障」とは戦後政治のキーワード（日米安全保障条約・地位協定）として使われてきた言葉である。１９７８年の大平正芳内閣以降の「総合安全保障」を経て、いまや「食料の安全保障」「経済安全保障」などと一般的な用語として、日本では、きな臭さを伴いながら広がっている。軍事だけではなくすべてに安全保障が語られるほど生命・生活のリスクの高い世界・日本の状況となっている。２０２２年の通常国会では半導体や医薬品などの重要物資確保のための「経済安全保障推進法」が採択されている。政府は２０２２年に「国家安全保障戦略」の改定方針を示した。防衛力の抜本的強化に向けて5年で対ＧＤＰ比２％以上（総額48兆円程度）にするためには大幅な増税が必要である。しかし、その国家は日米安全保障条約・地位協定をめぐって国家主権さえ疑問視できるのではないか。

他方では20世紀末から21世紀初めにかけて国連は「人間の安全保障（ヒューマン・セキュリティ）」を掲げていた。１９９４年に人間の安全保障という考え方をアマルティア・センは打ち出した。センは「教育や医療サービス」を重視する必要性を繰り返し述べていた。[5]それは子どもたちをリスペクトするということである。２００５年世界サミット成果文書「人間の安全保障」（A/RES/60/1）では、「すべての人々が、自由に、かつ尊厳を持って、貧困と絶望から解き放たれて生きる権利」を強調するとともに、「すべての個人、特に脆弱な人々が、すべての権利を享受し、人間としての潜在力を十分に発展させるために、平等な機会を持ち、恐怖からの自由と欠乏からの自由を得る権利を有していること」を主張した。

国連が提起した「人間の安全保障」はキーワードとして現在でも有効である。ただし、人間の潜在的能力ははかりようもなく深くても、資源は有限である。そのことを直視し、持続的な開発・発展や経済成長を前提にしない発想への転換が必要である。[6]

国家とは違った場所に身をおき、違った尺度で考えることは容易ではないことは確かである。しかし転換には国家と個人のみを考えるのではなく、地域（コミュニティ）の社会関係資本の充実をベースとすることによって育まれる人間の尊厳を最優先にすること。人と人との接触によって人が育つことを常に念頭におくこと、つまり安全保障を国家の論理ではなく私たちの論理――それは小田実が述べた「民」の論理であるが[7]――に立脚することが重要である。そのなかに公教育の役割があると考えたい。

学校における安全保障を考えるとき、それを実質的に担うためには地域共同の力（コモンズという視点が許されるなら学校はローカル・コモンズとも言える）が大切であると思う。[8]

日本では、生命と健康維持に必須の国家による保健衛生制度の脆弱性がコロナ禍で露呈した。地域というのは歴史性のある生活によって幾層にも積み重ねられている。生活を介して、地下茎のように思わぬ遠くの場所にまで伸びている。そのどこかに結びつくことで、たとえば政府の保健衛生施策では生命の安全確保が機能していなくても、生き延びられる。五人組程度の集落に地域を限定してみては、実態を見誤る。自給自足ではなく、地域内・地域間・国を越えた交易・交流を含めて地域の営みは成り立ってきた。

常に住民・保護者の目が届く生活圏にある小さな学校で教育機会の実質的平等を基礎にして、普段使いの学びを改善しながら積み重ねていくことで、天災や人災に衆知を集めて乗り越える社会の底力が受け継がれる。

地域の衆知は、議論を尽くして形成されてきた。宮本常一が対馬の話として次のように描いたのは、みんなが納得できるまで繰り返し話し合いを尽くす地域共同体の寄合のあり方である。[9]「村でとりきめをおこなう場合には、みんなの納得がいくまで何日でも話しあう」「とにかくこうして二日も協議がつづけられている。この人たちにとっては夜もなく昼もない。ゆうべは暁方近くまで話しあっていたそうであるが、眠たくなり、いうことがなくなればかえっていいのである」と。それが西日本ではごく普通の寄合の仕方であった。身分や地位が異なっても村の自治では平等であり、普段の仕事の様子も互いに見えている。足元が見える関係での合意形成は話を尽くすしかない。今、地域内外の対立や利害の調整も足元が見える議論を復活させることで、改善・解決の力としていける。

地域共同の力によってつくられ、維持管理する地域の教育機関としての学校が存在してきた。いわば地域立学校が試みられてきた。しかし現在、民生の基本である公教育も危うい状況となってきている。

国家戦略として進められてきた過疎化を理由として公立学校が統廃合され激減し、広大な学区が地方自治体によって指定されている。公教育において子どもの足で通える距離に公立学校がない「無学校地帯」が広がり、遠隔オンライン教育へ傾斜している。公教育の教育システムを情報の一元管理・監視の強化によって効率的に代替しようとするものである。文部科学省の提唱している個別最適化された学びはそれによって成り立つ。

心身の状態・性別・貧富・民族・国籍や地域の相違を教育機会の平等によって克服するのではなく、相違を前提とした資質・能力を「個性」として差別化する。それは許されることではない。たとえば国連の障害者権利委員会は２０２２年9月9日発表した日本政府への勧告で、障害児を分離した特別支援教育をやめるよう要請している。心身の障害や外国にルーツをもつ児童生徒に対して分離別学を行う。そのうえで国家の安全保障の観点から再統合・包摂する日本の教育は危険である。国連の勧告を具体化できるのは地域の学校での人々の不断の努力である。

日本をはじめ21世紀の公教育はＡＩという新たな神が支配する差別選別教育になろうとしているようにみえる。それでは子どもたちの人権が尊重されず、プライドをもって学校生活を送れないだろう。それは教える側の教職員も同じである。

五感で新たなものに触れるリアルな学びに戻ろう。そのためにも子どもの足で通える距離に、地方自治に立つ教育内容を学ぶための無償の学校を張り巡らすことである。ちなみに教育無償化（高校教育の無償化）の先鞭をつけたのは２００９年からわずか2年半の民主党政権であった。

自民党への政権交代後の10年あまりは国家の安全保障が突出してきてしまった。さらに２０２２年

9月、安倍元首相の国葬の強行は「戦後レジーム」の清算を顕彰し、これから始まる軍拡競争への参入を実現するための号砲であると聞こえた。政治・経済・労働界そして教育分野においてそのための体制再編が始まろうとしている。それに加わろうとして上のほうばかりを見ては足元がくらい。

国家の安全保障ではなく、足元からの学校の安全保障が重要だ。地域の子どもを尊重した教育実践がたくさん積み上げられている。それらを掘り出し、足元の課題をこれまでの通念にとらわれることなく、それぞれに検証し日々の改善の取り組みを通した21世紀の私たちの教育を各章で展望する。

【注】

1 萩生田文部科学大臣が2019年12月にGIGAスクール構想に寄せたメッセージ。

2 エズラ・ヴォーゲル(1979)『ジャパン・アズ・ナンバーワン』(原題 *Japan as Number One: Lessons for America*)広中和歌子、木本彰子訳、TBSブリタニカ。

小田実は(2007)『中流の復興』NHK出版、において「アメリカという怪物」とは違う未来を日本の「中流の生活」にみて、みんなで助け合える社会を求めている。

3 筆者の兄は幼いとき霞ヶ浦近辺の道で遊んでいた。B29からの機銃掃射を受けた。たまたま気がついた近所の人に救われている。現在の戦争でドローンからの攻撃で標的にされた子どもをどうやって守れるのだろうか。恐ろしい。

4 自民党2018年党大会改憲4項目の一つに、経済的理由にかかわらず教育を受ける機会の確保を述べている。機会の確保は新自由主義的な個別最適化された学習機会の確保である。教育機会の平等とは似て非なるものである。

5 アマルティア・セン(2017)『グローバリゼーションと人間の安全保障』加藤幹雄訳、筑摩書房。

２０１５年9月の国連サミット加盟国によって採択された「持続可能な開発のための２０３０アジェンダ」は新たに17のゴール・１６９のターゲットを定めた。「持続可能な開発目標（SDGs: Sustainable Development Goals）」は持続可能な開発・発展を掲げている。資源は有限である。17のゴール設定には「徳目の羅列」という意見もある。

6 宮本太郎（２０２０）「社会的投資戦略を超えて――資本主義・福祉・民主政治をむすび直す」『思想』8月号、岩波書店。

7 小田実（１７８９）『「民」の論理、「軍」の論理』岩波書店。

8 秋道智彌（２００４）『コモンズの人類学――文化・歴史・生態』人文書院。
秋道は「私は、共有とされる自然物や地理的空間、事象、道具だけではなく、共有資源（物）の所有と利用の権利や規則、状態までを含んだ包括的な概念と位置づけておきたい」と規定し、ローカル・コモンズ、パブリック・コモンズ、グローバル・コモンズに区分し、コモンズの重層性について人類学からのアプローチを行っている。

9 宮本常一（１９７１）『忘れられた日本人』（宮本常一著作集10）未来社。

足元からの　学校の安全保障

――無償化・学校環境・学力・インクルーシブ教育

◆目次

第1章

いじめの重大事態対応を例に「学校の危機対応」を問い直す

――「子どもたちの安全・安心の確保」の実現という視点から

■住友 剛

はじめに――学校における「人間の安全保障」をどのように考えるか？

〈足元からの　学校の安全保障〉をテーマとした本書のなかに、これまでのいじめの重大事態[1]対応や学校の危機管理を扱ったこの章が置かれていること。このことに、疑問や違和感を抱かれる読者も多いかもしれない。ただ、今の日本の学校における「子どもたちの安全・安心の確保」をどのように実現するのかを検討する章だと言えば、本章で私が執筆したいことの枠組みが大筋で理解していただけるのではなかろうか。

たとえば、ある子どもたちが毎日、学校生活のなかで、周囲の子どもからの「いじめ」におびえながら生活している現状があるとすれば、それはまさに「子どもたちの安全・安心の確保」が脅かされている状況にあると言える。また、このことは子どもたちの学ぶ権利の保障が脆弱な状況にあるような学校が出来上がっていることも意味している。

と同時に、いじめという行為に及んだ子どもも、それを止めることができなかった子どもや教職員も、このような「学ぶ権利の保障が脆弱な状況にある学校」のなかで、さまざまな苦しみや悲しみを抱えながら生活している人々であるとも言える。また、そのような学校に日々子どもを通わせている保護者も、地元の学校の様子に不安を抱く地域社会の人々もまた、学校での子どもたちのいじめという現象に心を痛めていることであろう。

そして、日々の学校における子どもたちのいじめの防止に強い関心を寄せたり、あるいは実際に子どもが亡くなるようないじめの重大事態発生時に、学校や教育行政当局が行う危機管理のあり方に対して、さまざまな疑問を抱く人々もいるのではなかろうか。

このように考えると、まさに〈足元からの　学校の安全保障〉という本書のテーマに対して、いじめの重大事態対応や学校の危機管理ということを扱った本章が置かれていることの意味が見えてくるのではなかろうか。つまり、学校で日々、子どもと教職員・保護者が苦悩するようなもめごと（紛争）が起きる環境そのものを改善し、訴訟対応を意識したような学校の危機管理を必要としない環境を用意すること。また、実際にもめごとが起きた場合も、その当事者である子どもや教職員のその後の成長や自らの失敗に対する反省、人生のやり直しを支えられるような学校環境を用意していくこと。このようなことが、まさに私にとっての〈足元からの　学校の安全保障〉の理論と実践を考えるのにふさわしい事柄であると考えた次第である。

ところでアマルティア・センによると、「人間の安全保障」（ヒューマン・セキュリティ）とは、「人間の生活、尊厳を脅かすあらゆる種類の脅威を包括的に捉え、これに対する取り組みを強化するという考え方」を示すキーワードであるという。[2] また、長有紀枝によると、「人間の安全保障」は、「貧困・教育・医療といった『欠乏からの自由』に加え、『恐怖からの自由』（紛争や難民、抑圧等の課題）も同等に重視する概念」[3]でもあるという。学校で子どもたちが直面し、教職員や保護者、地域住民らが対応に苦慮する「いじめ」という現象は、まさに「人間の生活、尊厳を脅かすあらゆる種類の脅威」の一つであろう。また、特にいじめで「心身の苦痛を感じている子ども」にとっては、まさに「欠乏からの自由」とともに「恐怖からの自由」をどのように実現するかという課題でもある。したがって本章では、このような「人間の安全保障」を学校で取り組むために、これまでのいじめの重大事態対応や学校の危機管理のあり方を問い直す作業を行いたい。

1 「いじめ」という現象をめぐる当事者間の認識のズレをどう考えるか？

なお、本章でいう「いじめ」は、基本的にはいじめ防止対策推進法（2013年）第2条で定義されている内容を踏まえて、端的には「当該の子どもとかかわりのある他の子どもの行為（インターネット上によるものも含む）によって、その行為の対象となった子どもが心身の苦痛を感じているもの」としておく。

ただし、この定義は「実際に心身の苦痛を感じている子ども」の側に立って現象をとらえる立場に立つものであり、その心身の苦痛のきっかけとなっている行為に至った他の子ども側の認識と「ズレている」場合がありうる。具体的にいうと、たとえば、ある子どもが他の子どもからのいじめによる心身の苦痛を訴えていても、他の子ども側は自らの行為をいじめだとは認識していないことが多々ありうるということである。

実際、たとえば和久田学はいじめ加害者の特徴として、「（共感性のなさにもとづく）シンキング・エラーがある」「シンキング・エラーとは、誰かを傷つけていても『遊びだ』『自分にはそうしてよい権利がある』などと捉える間違った考えである」「加害者に対しては、彼らのシンキング・エラーを修正する支援が重要である」という。[4] つまり、この「シンキング・エラー」が起きている状態の子どもにとっては、たとえ自らの行為によって心身の苦痛を感じている子どもが出ていても、何らかの自分の行為を正当化する理由づけを有していて、自らの行為の問題点を認識しづらいということである。

また、「心身の苦痛を感じている子ども」と教職員ら学校関係者との間でも、いじめをめぐる「認識のズレ」が生じることがありうる。たとえば前出の和久田は、学校におけるいじめ対応の各場面において、「教師は普通、子どものいじめの傍観者の立場にある。傍観者がいじめを傍観する理由として、『何をすればよいか、わからない』『報復を恐れている』『何かをして状況をさらに悪くすることを恐れている』があるが、それが教師にも当てはまる可能性がある」と述べている。また、和久田は「いじめ加害者には、加害行動のモデルがいることがわかっている。教師が子どもをいじめていたり、教師同士がいじめをしていたりすると、その教師が担任するクラスではいじめが起こりやすくなるかもしれない」ともいう[5]。

そして、この「心身の苦痛を感じている子ども」と他の子ども・教職員との間で生じる「認識のズレ」が、従来の学校の危機対応の各場面や、あるいは重大事態発生時の調査委員会の取り組みなどにおいて、さまざまなかたちで問題となってくると考えられる。特にいじめの重大事態発生時には、いじめ防止対策推進法第28条に基づいて「事実関係を明確にするための調査」が実施されるが、その調査の場面において、たとえば「心身の苦痛を感じている子ども」の訴えを否定したり、その子どもの側の問題などを指摘する話、あるいは自らの行為を正当化する話が、他の子どもや教職員側から出されることがありうるということである。この「認識のズレ」が、重大事態発生時の被害者家族・遺族（以後「遺族・家族」と略）や「心身の苦痛を感じている子ども」との間で、さまざまなトラブルを引き起こすことになる。そのトラブルへの対応が、学校の危機対応の各場面で求められるのである。

そこで、本章2では、実際にどのようなかたちで関係者間の「認識のズレ」が学校の危機対応の各場面で現れてくるのか。これまでの私の経験などを踏まえて整理しておく。

2 従来の学校の「危機対応」の限界を見つめる
――「八の字図」（図1）と「AB図」（図2）を手がかりに

さて、私は兵庫県川西市の「子どもの人権オンブズパーソン」[6]制度で調査相談専門員として在職していたとき（1999年4月～2001年8月）に、亡くなった子どもの遺族からの申立てを受けつけて、公立中学校の熱中症死亡事故の調査・検証と再発防止策の策定・実施の作業に従事した。[7]その後、コロナ禍の始まった2020年に至るまで、「全国学校事故・事件を語る会」など、いじめの重大事態や子どもの自死（自殺）を含む学校事故・事件の遺族・家族と関わりを続けてきた。

この間、自らも京都市立小学校のプール事故[8]や愛媛県内の私立幼稚園で起きた溺死事故などの調査委員会に関わるとともに、いじめの重大事態で立ち上がる調査委員会の運営に関する助言等[9]を行ってきた。また、2014～2015年度は文部科学省「学校事故対応に関する調査研究」有識者会議の委員として「学校事故対応に関する指針」の策定作業にも関わるとともに、2018年度からは兵庫県加古川市の「いじめ防止対策評価検証委員会」の委員を務めている。このように、私はいじめの重大事態を含む学校事故・事件の防止や、発生時の対応（再発防止策の実施とそれに向けての調査・検証作業を含む）、そして遺族・家族対応に、教育行政側からも遺族・家族側からも関わってきた経験を有する。

その経験のなかで私が常々、遺族・家族側と教育行政側の双方を見ていて気づいたことを図式化したものが、図1「ハの字」図と図2「AB図」である。いずれも拙著『新しい学校事故・事件学』（子どもの風出版会、2017年）などで既出のものであるが、再掲して説明をしておきたい。そのことで従来、学校や教育行政がいじめの重大事態などの学校事故・事件発生時に行ってきた危機対応の限界が見えると思うからである。なお、ここでいう「教育行政」は主に市区町村・都道府県の教育委員会を指しているが、場合によれば国立学校の場合は文部科学省が入る。また、図1や図2で示される構図は、国公立学校だけでなく、私立学校にも該当することが多々ある。そのことを先にお断りしておく。

図1「ハの字」図は、たとえばいじめの重大事態などの学校事故・事件が発生してから、民事訴訟などが提起に至るまでの遺族・家族と学校・教育行政の関係を図式化したものである。ちょうど学校・教育行政側と遺族・家族側の関係が、カタカナの「ハ」の字のように疎遠になり、対立感情が生まれ、訴訟提起に至るので「ハの字」図と称している。

あくまでも私の経験上でしかないが、いじめの重大事態を含む学校事故・事件の発生後、遺族・家族は「なぜこのような悲しい出来事が起きたのか？　その事実や背景要因などを詳しく知りたい」と願う傾向にある。しかしそのことを知りたいと願って学校や教育行政当局に働きかけても、相手側から満足な返答が得られなかったり、場合によれば公文書開示などで黒塗りの報告書が出されたりすると、遺族・家族の怒りや不信感が高まることになる。そして、いじめ防止対策推進法（2013年）や「学校事故対応に関する指針」（2016年）、あるいは「子どもの自殺が起きたときの背景調査の指針」（2012年）ができるまでは、調査委員会など外部有識者による検証が行われなかった。それ

図１　「八の字」図

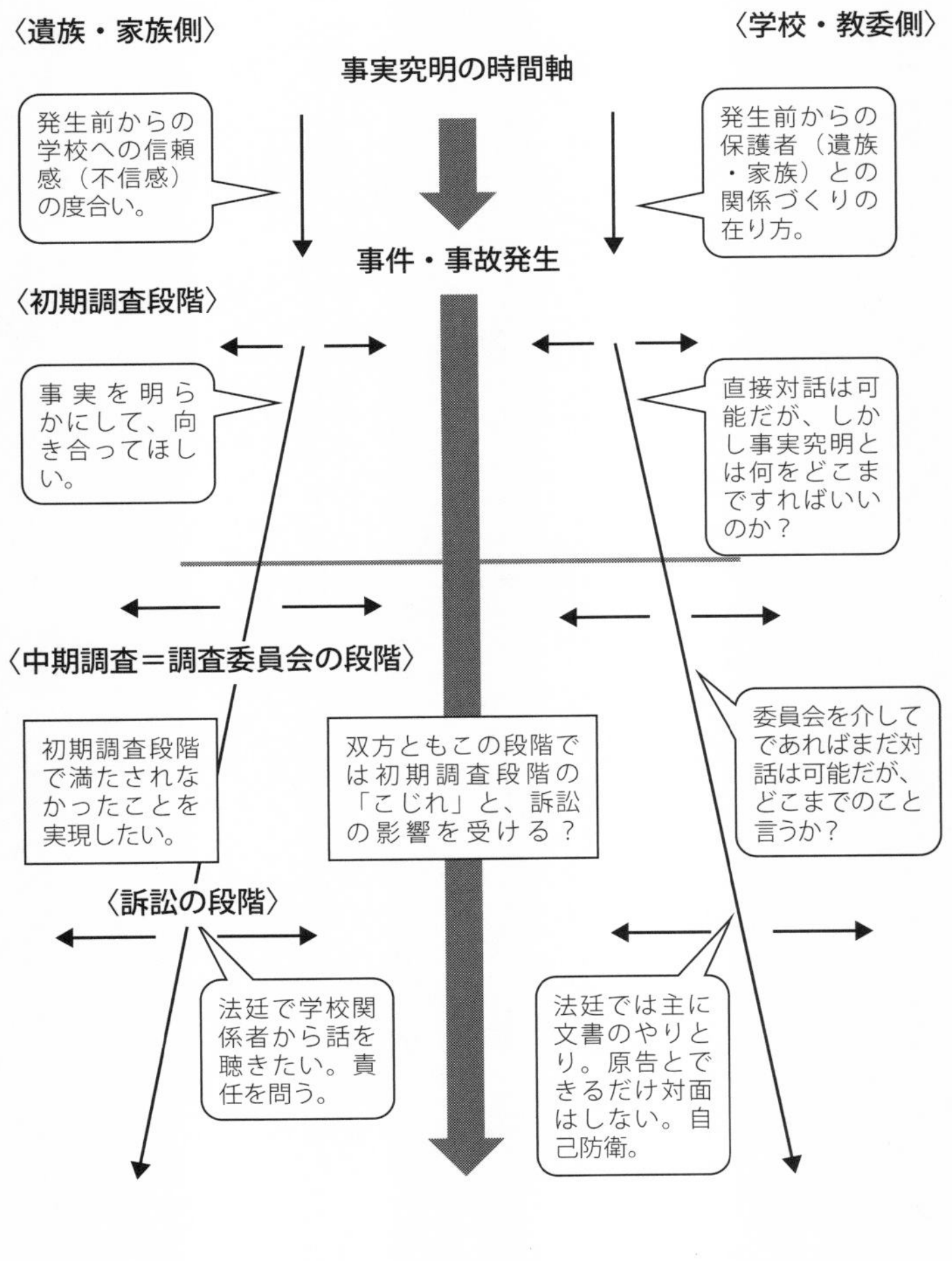
〈遺族・家族側〉
〈学校・教委側〉
事実究明の時間軸
発生前からの学校への信頼感（不信感）の度合い。
発生前からの保護者（遺族・家族）との関係づくりの在り方。
事件・事故発生
〈初期調査段階〉
事実を明らかにして、向き合ってほしい。
直接対話は可能だが、しかし事実究明とは何をどこまですればいいのか？
〈中期調査＝調査委員会の段階〉
初期調査段階で満たされなかったことを実現したい。
双方ともこの段階では初期調査段階の「こじれ」と、訴訟の影響を受ける？
委員会を介してであればまだ対話は可能だが、どこまでのこと言うか？
〈訴訟の段階〉
法廷で学校関係者から話を聴きたい。責任を問う。
法廷では主に文書のやりとり。原告とできるだけ対面はしない。自己防衛。

出典：拙著（2017）『新しい学校事故・事件学』子どもの風出版会、58 頁

ゆえ、「事実を明らかにしてほしい」と願い、学校や教育行政を相手にした民事訴訟などの提起へと至っていた。

他方、民事訴訟などが相次ぐようになると、学校・教育行政側から見れば、学校事故・事件の発生後に遺族・家族側が「事実や背景要因を詳しく知りたい」という願いは、訴訟提起の準備のようにも見える。それゆえ、遺族・家族の願いに対しては「どこまで応じればいいのか？」という迷いも生じる。また、学校事故・事件発生後に、当該の学校や教育行政に対するマスコミやSNS上でのバッシングが生じる場合もある。そのようなことが生じると、ますます当該の事故・事件に関する情報開示に消極的な対応を学校・教育行政がとることになる。その学校や教育行政の対応を見て、遺族・家族側は「事態を沈静化するために隠蔽を図ろうとしている」かのように見えてしまう。以上のことからわかるように、「ハの字」図は、学校事故・事件発生後に起きる遺族・家族側と学校・教育行政の相互不信と関係悪化のプロセスを図式化したものと言える。

ただし、図1のような構図は、その学校の置かれている地域社会の人々や保護者、亡くなった子どもや被害にあった子どもの周囲に居た子ども（以後「周囲に居た子ども」と略）などを含めて、遺族・家族側とともに「事実経過や背景要因を明らかにして、この機会に学校や教育行政を変えたい」と願う人々（図2でいうAタイプ）が多く現れるか。それとも逆に「起きてしまった悲しい出来事にできるだけ触れずに、一日も早く事態を沈静化し、以前の学校の状況に戻りたい」と願う人々（図2でいうBタイプ）が多く現れるか。そのことによっても、大きく左右されることになる。

あらためて言うまでもなく、Aタイプの人々が多くなればなるほど、遺族・家族は地域社会で孤立

図２　AB 図

A＝「この事故・事件を機に、学校・教育行政は変わらなければいけない」（徹底した事実究明と再発防止策の確立を求める傾向）

B＝「一日も早く、平常の学校・教育行政の機能を取り戻すことを」（事態の沈静化を求める傾向）

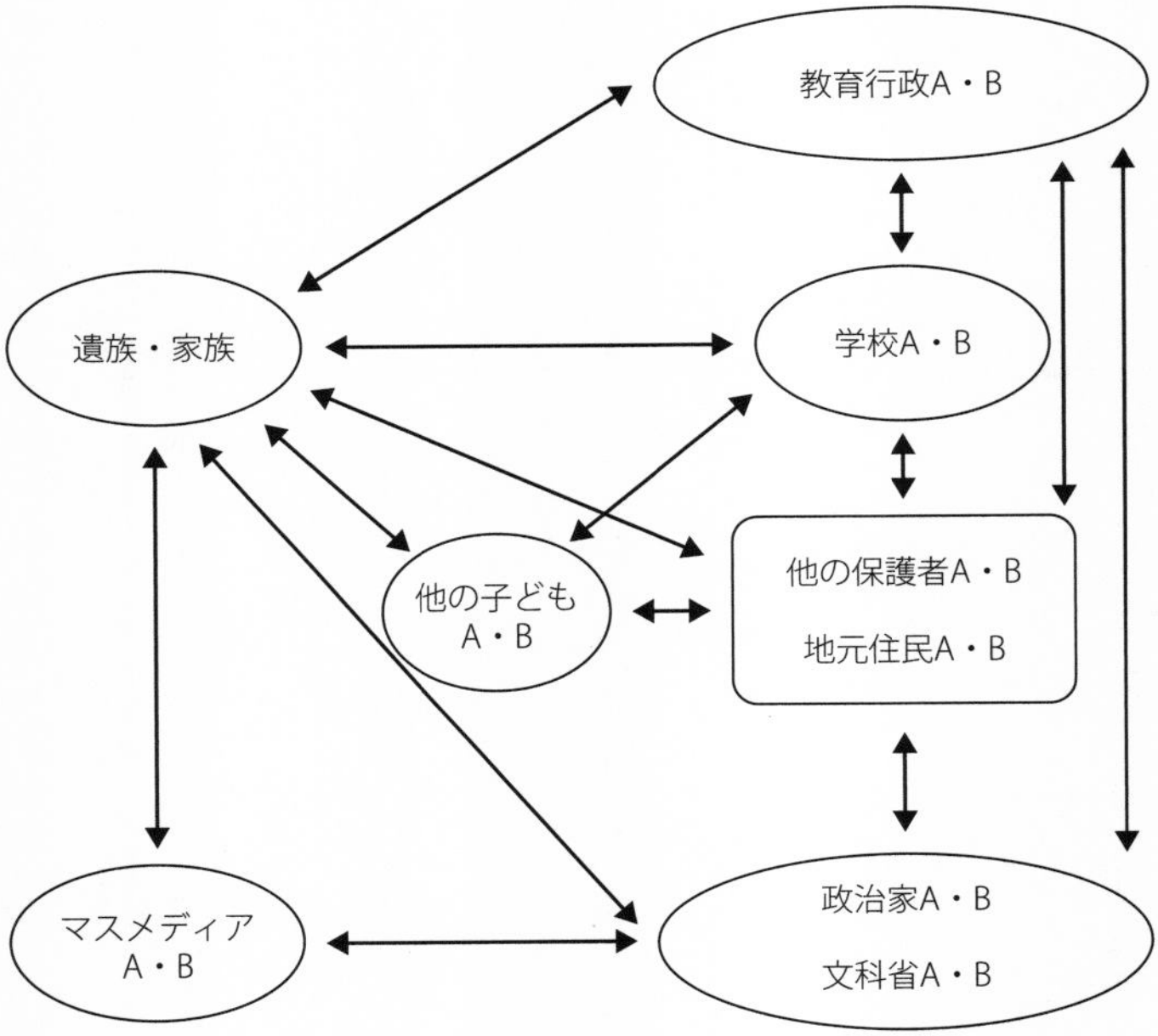

出典：拙著（2017）『新しい学校事故・事件学』子どもの風出版会、87 頁の AB 図を一部修正

することなく、できるだけ多くの事実を知りえて、起きてしまった事故・事件の記憶を学校や教育行政関係者も含めて共有し、再発防止に向けての努力が行われやすくなる。また、マスコミも再発防止に向けての学校・教育行政と遺族・家族、そして周囲の子どもや保護者・地域住民の連携に向けて、積極的な情報発信を行いやすくなる。その結果、重大事故・事件の記憶の風化を防ぎ、再発防止策も多くの人々が共有して、類似事故・事件を防ぐ取り組みも進むことになる。

したがって私としては当然ながら、本来、学校や教育行政が目指すべき「危機対応」のあり方は、このAタイプであると考えている。そして、いじめの重大事態か他の学校事故・事件の危機対応かに関わりなく、私が〈「子ども」を核とした重大事故・事件後の学校コミュニティの再生〉[10]を重視していることも、このことに深く関わる。本章2で述べる内容も、このテーマに関わる。また、〈足元からの　学校の安全保障〉という本書のテーマから考えても、このAタイプの人々がどれだけ地域社会に増えていくのかは、きわめて重要な課題である。

他方、Bタイプの人々が増えるほど、遺族・家族が「事実を知りたい」と願っても協力者が得られず、地域社会で孤立化を深めることになる。そして「公の場で事実を明らかにしたい」と願う遺族・家族は、民事訴訟の提起などに至らざるを得なくなる。また、マスコミなどを動かして、「起きた事件・事故を忘れられないようにする」しか対応の術がなくなってくる。しかしBタイプの人々にとっては、そのような遺族・家族の動きこそ「事態の沈静化」にとっての妨げであり、迷惑な行為のように見えてしまう。そして、遺族・家族の「事実を知りたい」という動きに対して非協力的な態度をとり、さらなる遺族・家族の孤立化を招き、地域社会で暮らしづらいように追い込んでしまうことになる。追い込まれた遺族・家族のなかには、その地域社会で暮らせなくなり、転居等を余儀なくされるケースもあるだろう。このような遺族・家族の「転居」等の事態に至れば、重大事故・事件発生後のその地域社会において、まさに「難民」が生まれたと言わざるを得ない。

さらに、「事態の沈静化」のなかで、事実関係や背景要因などについての学校や教育行政関係者、地域社会の人々の理解が深まることもなく、特に再発防止策がとられることもない。また、Bタイプの人々はAタイプの人々、あるいは遺族・家族や「心身の苦痛を感じる子ども」との「認識のズレ」を有しているが、それが修正されることのないまま時間が経過することになる。このため、類似の事故・事件が再び起きやすい構造が当該の学校や教育行政、地域社会に残ることになる。特にいじめの重大事態で言えば、たとえば「シンキング・エラー」を起こしている他の子どもや、積極的に「心身の苦痛を感じている子ども」や遺族・家族をサポートできなかった学校関係者の対応が、一向に改善されないことにもつながる。そして、「子どもの安全・安心の確保」という観点から言えば、子どもを含む地域社会の人々の安全・安心が守られない脆弱な構造を、このBタイプの人々を中心とした学校の危機対応は生み出してしまっていると言えるのではなかろうか。

ちなみに従来、重大事故・事件発生後の学校による危機対応は、基本的にBタイプの人々の動きが中心だったのではないか。たとえばある弁護士は、「被害者の父母が、学校事故の真相を把握しようとして、学校関係者や児童生徒等や保護者に執拗に働きかけ、そのことについて児童生徒等や保護者から苦情が申し出られているような場合には、被害者側の弁護士を通じて、父母に対して節度ある行動を求めることが考えられる」[11]という。あるいは、各地の臨床心理士会のなかには、「事件・事故によっては、刑事責任を問われたり、遺族からの民事訴訟を起こされる可能性もあります。教育委員会、教育事務所の担当者と連携をとりつつ、学校として当該教職員を支える体制を作る必要があります」[12]ともいう。そして古い文献になるが、重大事故・事件発生後の保護者向け説明会の開催方法などを解説した本のなかで、ある教育委員会の元・指導主事で現職中学校長（当時）は、一方で「学校側としては事実を明確にし、場合によっては謙虚に反省の気持ちを述べるべきである」[13]と言いつつ、他方で具体的な事例を紹介したうえで、次のように述べる。

今回の死亡事故の場合、やや親が興奮状態に陥り、学校の部活動の指導責任を追求（ママ）する事態になった。マスコミ（新聞社、テレビ局、週刊誌等）がかかわったり、刑事事件、民事事件などの裁判沙汰になれば、解決に長時間を要しかねない。また、学校と各家庭や地域との信頼関係は著しく損なわれるだろう。

しかし、このような状況下でも、ＰＴＡ会長の学校擁護の理解ある説得によって、Ｅ子の母親〔我が子を亡くした遺族：引用者注〕は納得した。上記のような悪影響を避けられたのである。これは、学校とＰＴＡとの日ごろの信頼関係が、問題解決に影響を与えたよい例であるといえる。[14]

この本章２で述べたように、従来の学校の危機対応は図１のような遺族・家族と学校・教育行政の対立や相互不信の構図を強化するような対応に陥りがちであった。また、そのような構図が生まれる背景には、図２のＢタイプのような「事態の沈静化」傾向を強める人々の存在があった。そして、Ｂ

タイプの「事態の沈静化」傾向が強まれば強まるほど、子どもを含む地域社会の人々の安全・安心が守られない脆弱な構造を生み出される傾向も強まる。また、その地域社会に遺族・家族が暮らしづらくなり、まさに「難民」として他の地域に転居せざるを得ない状況も生み出されてくる。そして、いじめの重大事態発生時に起きる「心身の苦痛を感じる子ども」や遺族・家族と学校・教育行政側の対立、相互不信の構造は、従来の学校の危機対応では緩和することが難しい。むしろ、より両者を訴訟へと導いてしまうアプローチになっていると言わざるを得ない。

3 「子どもたちの安全・安心の確保」を実現するために必要な取り組みとは？
――いじめの重大事態対応を例として（図3参照）

従来の学校の危機対応ではいじめの重大事態発生時に起きる対立、相互不信の構造を緩和しづらいとなれば、本書がテーマとする〈足元からの　学校の安全保障〉を強化するためにも、別のアプローチを考える必要がある。特に私としては、図2のBタイプではなく、Aタイプの動き方のできる人々を学校や地域社会に増やしつつ、図1の対立や相互不信の構図を緩和していくような取り組みが必要不可欠だと考えている。

ちなみに私が従来、いじめの重大事態対応などで〈「子ども」を核とした重大事故・事件後の学校コミュニティの再生〉を重視してきたのも、「心身に苦痛を感じる子ども」や遺族・家族が「難民」と化してその当該地域で暮らせなくなる状況を回避しつつ、どのように学校や教育行政の対応を改めれば類似の事故・事件の再発を防ぐことが可能かを考えてきたうえでのことである。

そこで本章2では、いじめの重大事態への対応を例として、「子どもたちの安全・安心の確保」のために必要な取り組みについて検討を行いたい。そのために参考にしていただきたいのが、図3である。なお、図3の作成にあたっては、国民教育文化総合研究所子どもの権利検討委員会『いじめ防止のチェックポイント』（アドバンテージサーバー、2014年）や荻上チキ『いじめを生む教室』（PHP新書、2018年）などを参照している。また、現行のいじめ防止対策推進法を前提に作成したものであるので、図3の内容は法改正など行わなくても実施可能である。

図3は、私の考える「子どもたちの安全・安心の確保」の取り組みを、いじめの重大事態の防止や発生時の対応を念頭において描き出したものである。一応、図3の右端には従来の学校の危機対応のように、民事訴訟などの法的対応を念頭においたアプローチを入れている。だが、そのような法的対応中心のアプローチは「なるべく使わないように」するべきであると考え、図3では小さく描いている。

むしろ私としては他の学校事故・事件の場合と同じく、これからのいじめの重大事態対応で重視すべきなのは、〈「子ども」を核とした重大事故・事件後の学校コミュニティの再生〉であると考えている。また、その学校コミュニティ再生は、子どもの権利条約（児童の権利に関する条約。以後「条約」と略）の理念に即したかたちで行われる必要がある。したがって、いじめの重大事態対応のあらゆる場面において、子どもや教職員・保護者を含めた関係者すべてが「子どもの権利条約」の趣旨を共有しておかなければならない。

図３　いじめの重大事態対応を例とした「子どもたちの安全・安心の確保」のモデル図

※「安全・安心の確保」の大前提として〈「子どもの権利条約」の趣旨〉

○学校の「平和構築」の作業＝日頃から子ども・教職員の双方にとって「居心地のいい学校」をつくる作業。

（１）　競争主義的でなく「共創」の学校づくりの視点で教育実践を編み直す。
（２）　「学び」と「遊び」を通じて異なる立場の人々の共存を目指す教育実践の実施。
（３）　さまざまな「つらさ」を誰か訴えても、別の誰かかが適切に聴き取り、対応する時空間と人間関係の構築。
（４）　子どもと教職員の双方にとって（１）～（３）の作業の妨害・負荷となる取組みの除去⇒過剰な文書・報告作成、全国学力・学習状況調査の廃止等。

○子ども・教職員の双方にとって「もめごと（紛争）」を「成長の機会」にする重大事態対応へ＝「難民支援」の視点での取り組み。

（１）　いじめにあった子どもへの相談・救済とそのための居場所づくり⇒場合によれば子どもの逃げ場の確保や、登校に代替する学習機会の用意も含む。また、本人の意思確認をしながら「どのように元の仲間集団に戻るか？」も検討する。
（２）　周囲の子どもたちへの支援＝心理的なケアに加えて、こじれた人間関係の修復も行う。
（３）　いじめていた子どもたちへの対応＝本人自身の成熟を促す、仲間関係のつくり方の見直しなど同じことを繰り返さないための対応など。
（４）　（１）～（３）を適切に実施するための学校の教職員集団の形成（SC や SSWr などの外部専門職も含む）

「八の字図」的な従来型の「学校の危機対応」や「訴訟型アプローチ」の転換
＝これらの手法による「対応の限界」。「平和構築型のアプローチ」に転換へ。

↑

○教職員の定数増など学校の条件整備の充実、家庭・地域社会の協力・参加（「監視」ではなく）による「平和構築」の実施。

○学校の福祉的支援（就学援助、SSWr の配置等）、衣食住の生活面を含めた自治体レベルでの子ども支援の充実を通じた「平和構築」の実施。

出典：筆者作成

次に、この図3では、日頃から子どもたちのいじめを生み出す環境そのものを改善し、居心地のいい学校をつくる取り組みを、仮に「平和構築」と名づけている。また、この「平和構築」の取り組みは、学校そのものをいじめの重大事態などの「恐怖からの自由」へ解き放つ営みとともに、教職員の定数増などの学校の条件整備の充実、就学援助などの学校の福祉的支援や衣食住の生活支援といった自治体レベルでの子ども支援の充実など、「欠乏からの自由」にも対応する営みの両方を必要とする。なぜなら、学校で子どもが安心して過ごせる生活環境を整えるとともに、教職員が積極的に子どもと関われる環境も整えなければ、保護者が安心して我が子を学校に通わせることができないからである。つまり、学校に関わる子ども・教職員・保護者の三者が「欠乏からの自由」や「恐怖からの自由」へと解き放たれるような「日頃からの平和構築」の営みが、いじめの重大事態対応の大前提をなすと言えるのである。そして、このことは子どもの権利条約にいう社会保障や生活水準の権利（条約第26・27条）と「教育への権利」（第28条）の両立を図ることを重視するものである。

そのうえで、実際に学校でいじめによる「心身の苦痛を訴えている子ども」にとっては、その子どもを一日も早く困難な状況から解き放つための対応が必要不可欠である。これを図3では仮に「難民支援」と呼んでいる。たとえばいじめによる心身の苦痛のために「学校に居場所がなくなる」状態にまで追い込まれ、学校に行けなくなった子どもには、あたかも「難民キャンプ」のように、「逃げ場」となる別の居場所の確保や、登校に代わる代替的な学習機会の用意も必要であろう。また、当該の子ども自身の意思を繰り返し確かめながら、どのようなかたちで学校に戻るかを検討する必要もある（もちろん、戻らないという選択もありうる）。特にいじめの重大事態のうち「学校を長期間休む」ケースについては、このような対応が早急に行われる必要がある。

他方で、その肝心の学校での子どもどうしの人間関係が殺伐とした状況にあるのならば、やはり「心身の苦痛を訴えている子ども」は学校に戻りづらくなる。とすれば、やはり周囲の子どもたちの抱えている心身の諸課題やこじれた人間関係の修復も必須である。また、特にいじめていたとされる子どもたちについても、先に本章1で述べた「シンキング・エラー」の修正などの本人の成熟を促しながら、同じような人間関係のつまずきを繰り返さないための対応が必須である。これらの対応は、「心身の苦痛を訴えている子ども」の側から見て「恐怖からの自由」を学校にもたらすために必要な取り組みと言える。それはあたかも長引く内戦により「難民」になった人々が、元の生活の場に戻ることを支援するための取り組みのようである。

さらに、このような「難民支援」の取り組みに教職員が積極的に取り組んだり、あるいは学校生活のなかで子どもたちが「心身の苦痛」を感じることが少なくなるように、日頃から子どもと教職員の双方で、学校における「平和構築」の営みを積み重ねていく必要があるだろう。その営みは、国連子どもの権利委員会からの総括所見（勧告）で繰り返し指摘されてきた「競争主義」的な学校環境を是正したり、子どもたちのルール違反等に対して「厳罰」でおどすような対応をなくすかたちで「恐怖からの自由」をもたらすものでなくてはならない。また、条約第28条「教育の目的」の趣旨に即して、さまざまな立場の子どもたちが共存することが可能な学校づくりを行ったり、条約第31条の「休息・余暇、遊び、文化的・芸術的生活への参加」の権利保障の観点から、学校のなかに「余裕と遊び」が満ちた取り組みが行われる必要があるだろう。

そして、このような教育実践を可能とするためにも、子ども・教職員の双方に対する過剰な負担の除去（たとえば全国学力・学習状況調査〈いわゆる全国学テ〉などの廃止）が行われる必要がある。また、当事者である子どもたちが学校生活において何を望んでいるのか、どのような「つらさ」を抱えているのかを、適切に聞き取り、対応できるような学校の時空間・人間関係の構築が必要不可欠であろう。

おわりに――〈足元からの　学校の安全保障〉の視点をさらに深めるために

以上のとおり、本章では1・2において、従来のいじめの重大事態対応や学校の危機対応に対する批判的な検討を通して、〈足元からの　学校の安全保障〉、特に「子どもたちの安全・安心の確保」のあり方を考察してみた。また、その際に「人間の安全保障」について国際関係論などで論じられてきたことを踏まえて、特に本章3において、子どもたちが学校生活において「恐怖からの自由」や「欠乏からの自由」へと解放されるために、子どもの権利条約の趣旨を踏まえた教育実践と、これを支えるための条件整備の充実が必要であることを論じた。

他方で本章でいじめの重大事態や学校の危機対応を例として述べた「子どもたちの安全・安心の確保」の構想（特に図3）は、まだまだ荒削りなものでしかない。これまでのいじめ対応や学校の危機対応に関する先行研究や、国際関係論などでの「人間の安全保障」についての議論などを踏まえて、今後もさらなる検討作業が必要であることは言うまでもない。

ただ本章のしめくくりに強調しておきたいことがある。それは、従来のような民事訴訟などでの対応を前提にした「法的アプローチ」の「限界」である。

たとえばいじめの重大事態などで、事実認識などを遺族・家族（原告）と学校・教育行政（被告）が争い続けている間も、他の子どもたちは日々学校に通い続けている。その訴訟対応が継続されている間も、本書図3で示したような「子どもたちの安全・安心の確保」のさまざまな取り組みが行われなければ、次々に学校生活のなかで「心身に苦痛を感じる子ども」が現れ、居場所を求めてさまよう「難民」と化すことが十分に想定される。したがって、当事者間が法的に争っている間も「子どもたちの安全・安心の確保」の取り組みを行わなければ、多くの子どもたちが「恐怖からの自由」や「欠乏からの自由」へと解放されないことになる。そのことを、法的に争っている遺族・家族側・学校・教育行政側の双方ともに忘れないでいただきたい。まるで「難民高等弁務官」のような物言いになってしまうが、そのことを切に願うところである。

【注】

1　本章でいう「いじめの重大事態」とは、いじめ防止対策推進法（２０１３年）の第28条1項の1号・2号に該当する事案をいう。ちなみに「1号」は「いじめにより当該学校に在籍する児童等の生命、心身又は財産に重大な被害が生じた疑いがあると認めるとき」である。また「2号」は、「いじめにより当該学校に在籍する児童等が相当の期間学校を欠席することを余儀なくされている疑いがあるとき」である。つまり

2 「いじめの重大事態」とは、いじめを理由として子どもの命や心身などに重大な被害が生じた疑いがあるときや、長期間の学校の欠席を余儀なくされた疑いがあるときを指す。

3 アマルティア・セン（2017）『グローバリゼーションと人間の安全保障』加藤幹雄訳、筑摩書房、47頁。

4 長有紀枝（2021）『入門 人間の安全保障（増補版）――恐怖と欠乏からの自由を求めて』中央公論新社、102頁。

5 和久田学（2019）『学校を変える いじめの科学』日本評論社、43頁。

6 同右、108頁。

7 兵庫県川西市の「子どもの人権オンブズパーソン」制度については、拙著（2001）『はい、子どもの人権オンブズパーソンです――兵庫県川西市の試みから』（解放出版社）や桜井智恵子（2012）『子どもの声を社会へ――子どもオンブズの挑戦』（岩波書店）を参照。

8 この事故の遺族側から見た事実経過等については、宮脇勝哉・宮脇啓子（2004）『先生はぼくらを守らない――川西市立中学校熱中症死亡事件』（エピック）を参照。なお、本書には何か所か、当時、担当調査相談専門員として事故調査や遺族対応にあたった私のことが記述されている。

9 この事故に遺族とともに関わった人々（著者は「同行者」と呼ぶ）の立場からの記録として、石井美保（2022）『遠い声をさがして――学校事故をめぐる〈同行者〉たちの記録』（岩波書店）がある。実は私もその「同行者」のひとりである。本書には何か所か、京都市教育委員会や調査委員会と遺族、そして石井さんたち遺族とともに歩む保護者たちとの間に入るかたちで、当時、私が発言していた内容が記録されている。

10 いじめの重大事態発生時に立ち上がる調査委員会に対する助言活動として、本章に掲載した図1・図2などを用いながら、私は調査委員会発足時の「レクチャー」を行ってきた。そのレクチャーの要点は、鈴木庸裕・住友剛・桝屋二郎編著（2020）『「いじめ防止対策」と子どもの権利――いのちをまもる学校づくりをあきらめない』（かもがわ出版）所収の拙稿「学校における子どもの権利擁護の課題としての『ハラスメント』――いじめの重大事態のケースを中心に」でわかる。

10 この〈「子ども」を核にした重大事故・事件後の学校コミュニティの再生〉については、拙著（2017）『新しい学校事故・事件学』（子どもの風出版会）の第3章を参照。

11 俵正市（2006）『学校事故の法律と事故への対応』法友社、167頁。

12 福岡県臨床心理士会編（2017）『学校コミュニティへの緊急支援の手引き（第2版）』金剛出版、232頁。

13 青田祥伸（2000）『学校における危機管理――緊急保護者会』文教書院、85頁。

14 同右、125頁。

第2章

「安心・安全」とインクルーシブ教育

――インクルーシブ教育へのロードマップ（私案）

■一木玲子

はじめに

２０２０年3月2日、新型コロナウイルス感染症（ＣＯＶＩＤ－19）により、突然全国一斉に休校になった。あと少しで卒業、修了など、子どもたちにとって人生の節目を迎えようとしつつある時期に、子どもたちは突然学校に行けなくなり家に籠らざるを得なくなった。そのまま春休み、4月の始業式、入学式の時期が過ぎ、長いところで3か月間、5月末までそれは続いた。この間、障害のある子どもたちの様子はどのようなものであったのか。障害のある子どもの安全や学習権は保障されたのであろうか。本章では、「安心・安全」をキーワードに、障害のある子どもの安全な学校生活が保障されるには、〝人と人とがつながるインクルーシブ教育〟が欠かせないことを事例を通して論じる。また、２０２２年10月に国連障害者権利委員会より第1回日本審査の総括所見が出された。そこでは分離教育である特別支援教育を中止してインクルーシブ教育に移行するよう強く勧告された。総括所見を基に、日本がインクルーシブ教育に移行するためのロードマップの試案作成を試みる。

1 コロナ禍における障害のある子どもの学習する権利の様子

コロナ禍のなか、「新しい生活様式」として、ソーシャル・ディスタンス、マスクの着用、手洗いが推奨されている。これらは安全保障のためのものだが、障害者にとってこれらを徹底することは、逆に生活の質の低下や、時には生命の危機につながりかねないことが報告されている。[1] たとえばマスクの着用に対して、聴覚障害者は、相手の口の動きや表情が見えないことや、声がこもるために、コミュニケーションに困難が生じている。これに対して、当事者からの提案として、透明マスクやフェイスシールドの着用、距離をとってマスクを外して会話することが求められている。発達障害者や知的障害者からは、感覚過敏や嫌がる、苦手であるなどでマスクを着けられないため、外出先で嫌がられたり暴言を吐かれたり、公共交通機関や公共の建物への出入りを拒否されたという体験が多く寄せられている。これに対してはマスクの正しい理解をもつこと（マスク着用は自分の飛沫の拡散を防ぐためであるため、他人の飛沫が届かない距離を保てる場や、会話を要さない場であれば、マスクをしていなくとも感染リスクは低い）や、「マスクをつけられない」旨のカードやマークを付けるなどの提案がなされている。また、視覚障害者や身体障害者にとって、介助の際に身体接触は不可避であり、ソーシャル・ディスタンスは不可能である。介助で身体が触れる際には、介助後に本人も介助者も消毒をすることや、会話の際には両者が同じ方向を向くことで飛沫を防ぐなどの予防策を徹底するなどの対策がある。

このように、コロナ感染拡大という緊急時にこそ、互いにコミュニケーションをとりながら社会側が変更や調整をする合理的配慮をすることで、平常時の生活を保つことが障害児者にとっては必要なのだが、暴言を吐かれたり露骨に嫌な顔をされたりなどの報告が後を絶たない。では、障害のある子どもの学校生活はどのような状況だったのであろうか。学校教員からは、以下のような情報が寄せられた。

まず、特別支援学校は小中高等学校に比べて休校の期間が長かったことが報告されている。初期の頃には、病院付属の特別支援学校では、病院が入院患者の外出を禁止したため、子どもが外出できなくなり学校に通えなくなったという状況があった。特別支援学校のスクールバスが、ソーシャル・ディスタンスがとれないという理由で使用できなくなり、学校は保護者の送迎を求め、保護者の都合によっては学校に来られない子どももいた。休校中や、学校が始まっても、特に医療的ケアを要する子どもや呼吸器系が弱い子どもは通学を控えたため自宅学習になった子がいたが、学習に保護者が付き添わなくてはならず、付き添ったとしても十分な合理的配慮がなされておらず学習保障がされなかったという報告もある。他にも、視覚障害の子どもがアプリに接続しにくいなどの、やはり合理的配慮の不足などの問題が発生していた。学校が再開された後も、マスクを着けるように指導されているため、マスクをできない子どもに対して、登校を控えるような指導があったり、特別支援学級の子どもが普通学級で学ぶ「交流及び共同学習」が中止になるなど、分離・排除が進んでいるという実態も見られる。

一方で、普通学級でのインクルーシブ教育が進んでいる学校では、多様な子どもがいることが〝文化〟として浸透しているので、コロナ禍であっても障害のある子も通常と同じ生活をしており、分離や排除の動きはないことが報告された。つまり、お互いが感染対策をしながら今までと同じような生活をしているという報告である。たとえば、視覚障害のある子どもは、移動等で手をつないだり、肩に手を置いたりなど、必ず友達との接触が必要である。コロナが流行して三密回避など言われていても、移動のときはその子と接触した誘導が日常になっている子どもたちには、それはして当たり前のことであり、コロナ禍であるからと誘導を断るということはなかった。「感染対策をするようにお互い注意はしあっているけど、排除はしない」という様子が見られたという。

また、自閉症の子が、マスクができないので一人だけマスクをしなかったが、周りの子どもはその子がマスクをできないことを何の違和感もなく受け止め、逆に自分たちからその子に感染させないように、マスクをしっかり着用することを意識していたという。担任の先生に、他の児童の保護者からのクレームがなかったのか聞いたところ、それはなく、他の保護者もその子のことをよく知っていて、クラスの子が親に肯定的に説明をしたのではないかということであった。「この子はマスクをできない」と違和感なくとらえ、それを受け入れ、同じ教室で一緒に学んできた経験の積み重ねにより危機的状況においても問題なく過ごせたという。多様性尊重の意識や態度が育っていたと言える。

他にも医療的ケアを要する子どもが、肺炎対策のため、自分の教室の隣の空き教室で大きな空気清浄機を設置してZoomで授業を受けたという報告もある。その子が感染しないように、学校と本人と保護者とが話し合って、子どもたちのつながりを切らないようにどのようにするかを模索した結果のものである。「このような合理的配慮をすることに学校は慣れている」と教員は語った。決して排除や拒否をせずに話し合ってきたこれまでの経験が活きたという。

2 インクルーシブ教育における「安心・安全」

教育実践報告会で聞いた話である。ある中学校に車いすユーザーの生徒が在籍しており支援員が配置され、生徒はその子の車いすに触ってはいけないというルールがあった。車いすを押すのを手伝えないが、教室のドアは開けるなどで関わっているということであった。理由は、周りの子がけがをしないため、その子がけがをさせない／させられないため、という、「安心・安全」のためである。この報告を聞いたときに、私はとても違和感をもった。このルールで本当に子どもの「安心・安全」は守られるのであろうか。

ちょうどその会には、車いすユーザーの大学生が参加しており、その子から、自分が中学生のときにそのようなルールはなかった、友達は私が必要なときは車いすを押してくれて何の問題もなかった、時には友達も自分もけがをするときもあったが、それも含めて私という人間との付き合いなのだから、そのルールはおかしいのではないか、という発言をされた。また、支援員という大人が側にいると友達関係に影響があること、友達が自分の手伝いを自然に行う環境をつくることが大人の役割であることなどを発言された。私も、子どもたちをつなげるのが教員の役割ではないのか、そもそも、そのルールによる「安心・安全」は、誰のための「安心・安全」なのか。教職員や大人にとって「安心・安全」かもしれないが、子どもたちにとっては？　たとえば、支援員や教職員がいない、子どもたちだけのときに、地震や事故で避難や移動をしなければならなくなったときに、子どもたち同士で対処できないのではないか。それは、子どもたちにとっては「安心・安全」ではなく、むしろ不安が増すルールなのではないか。インクルーシブ教育は社会のインクルージョンにつながっているのだから、そのようなルールはむしろインクルージョンを逆行させていないかと発言をした。初めて車いすユーザーの生徒が入学して、学校が試行錯誤していることは理解できる。事故が起きないよう、最大限の対策をとることは大事なことである。だが、学校の主役は子どもたちである。生徒には生徒の世界があり、大人は入ってはいけない。子どもが子どもらしくいられるよう、その子が障害のない子どもと同じように中学生としての生活を送れるよう、学校は環境をつくる義務がある。子どもの権利という観点を忘れてはいけない。

だが、インクルーシブ教育を行うにあたって、この「安心・安全」という言葉は頻繁に出てきて、障害のある子を子どもとして扱わずに、保護すべき障害者扱いにする。

ある市では、人工呼吸器を要する子が普通学級に在籍し、市教育委員会は看護師を配置した。だが、看護師の業務に呼吸器管理が含まれていないために、保護者が学校に滞在して付き添わざるを得ない状況であった。これも理由は「安心・安全」のためであった。ある車いすユーザーの子どもがいる学校にエレベーターが設置されたのだが、学校は、使用するときには支援員と一緒に乗ること、他の子どもは乗ってはいけないこと、通常は鍵をかけておいて使用するときに鍵を取りに来ることを決めた。理由は他の子どもが勝手に乗って閉じ込められたり悪さをしないためという。これも「安心・安全」のためであった。もし、デパートや駅でこのようなルールがあったら即刻問題になるのに、学校ではこのようなルールが平気で規定されてまかり通ってしまう。第三者からの意見によりこのルールは中止され、誰でも必要なときに使用しても良いように変更されたが、人権感覚がないと、このようなルールを「安心・安全」という名のもと、簡単につくってしまう。学校の外でしてはいけないことは、学校のなかでしてはいけないのである。ある車いすユーザーの子から、休日に家族と一緒にデパートに行ったが、途中階でエレベーターを待っていても満員で何回も見送るという話をよく聞く。そのような中、エレベーターに同級生が乗っていて、「あ、○○ちゃん、私が下りるから乗って。私はエスカレーターが使えるから大丈夫」と声をかけてくれてようやく乗れたという話を聞いた。ご両親はその学校に行っていて良かった、知り合いがいることが、街での自分たちの生活を助けてくれる、学校でエレベーターを一緒に使っているからこそ、このような行動ができるのだろうとおっしゃっていた。社会にはいろんな人がいること、自分は歩けるので階段もエスカレーターもエレベーターも使えるけど、車いすユーザーはエレベーターしか使えないこと、それを「意識しながら」エレベーターを使うことが共生社会であろう。それを学校で自然に身に付けることができる、それがインクルーシブ教育の意義である。ルールをつくるとその意味を考えるチャンスを奪い思考停止をしてしまう。そうなると、街に出ても車いすの人がエレベーターの前で待っていても気にしない、そのような子どもが育ってしまう。「インクルーシブ教育はプロセスである」。多様な人と一緒に生きていくために試行錯誤する体験を奪ってはいけない。

3 「安心・安全」を阻害している特別支援教育

従来、「自立」のとらえ方は、「一人でいろんなことができるようになること、人に迷惑をかけずに生きていくこと」など、身辺自立、経済的自立でとらえられてきたため、それができない障害者が入所施設に収容されたり、いつまでも家族と同居して保護されることが許容されてきた。これに対して、障害者自立生活運動ではこれでは障害者はいつまでたっても保護の対象であるため、自立とは「自己決定、自己選択、自己実現」であり、身辺自立をしていなくても、人の助けを得ながら生活していても、自分で自分の生活や生き方を決めて生活をすることこそが自立であるととらえ直した。

この考え方をわかりやすく説明しているのが、「自立とは依存先を増やすこと」であると話す熊谷晋一郎さんである。[2]

〝障害者〟というのは、「依存先が限られてしまっている人たち」のこと。健常者は何にも頼らずに自立していて、障害者はいろいろなものに頼らないと生きていけない人だと勘違いされている。けれども真実は逆で、健常者はさまざまなものに依存できていて、障害者は限られたものにしか依存できていない。

だから、自立を目指すなら、むしろ依存先を増やさないといけない。障害者の多くは親か施設しか頼るものがなく、依存先が集中している状態です。だから、障害者の自立生活運動は「依存先を親や施設以外に広げる運動」だと言い換えることができると思います。

特別支援教育における特別支援学校と特別支援学級は、「障害による学習上又は生活上の困難を克服し自立を図るために必要な知識技能を授けること」を目的としている。[3] 分離教育なので、周りには健常者はいない。自分ひとりで困難を克服し自立する力をつけるという従来の自立観である。これでは、依存先を増やせない。親や教員、専門家という限られた人としかネットワークを築けず、逆に本人の自立を阻害している。分離教育では自立を目指すことはできないのである。

依存先を増やす取り組みとして、近隣の障害者自立生活センター(CIL)と連携するという方法がある。CILでは、障害者が地域生活をするためのさまざまな取り組みが行われている。メンバーは、親元を離れて一人暮らしをし、一人暮らしができるように介助者派遣事業を行ったり、行政と交渉して地域生活をするための制度を提案・修正するなど、主体的に活動をしている。教職員は、障害者が地域で自立生活を行っている実態を生徒とともに体験することで、生徒が学校卒業後に親元を離れるきっかけをつくることができる。繰り返すが、分離教育では、生徒は人的ネットワークが限られてしまうのである。それを取り戻す活動をしないと、卒業後も親しか依存先がなくなってしまい、だからこそ親亡き後には施設入所しか道がなくなるのである。

一つのエピソードを紹介する。大学の近くの駅の改札付近で人だかりがあった。見ると、ひとりの大柄の男性が一つの改札をふさぐようにして立ち大声で何か叫んでいた。周りには多くの大学生がおり、怖くて通れない様子。駅員も困惑しており、〝不審な男〟に対してみなどうすればよいかわからない、異様な雰囲気であった。そのとき、一人の学生がスッと歩いていった。学生は、その男性の横の改札を通りがてら、男性と何か話し、そのまま通っていった。男性も大声を出すのをやめ、何事もないかのように改札を抜けて歩いていった。

その学生に何があったのかと聞いたところ、男性が「やぶれた」と叫んでいたので、見ると彼の定期入れが破れていた。「うん、やぶれているね」と言ったら「うん、やぶれた」と言って歩いていったという。その男性は自閉症だったのかもしれない。定期入れが破れて慌てたのであろう。その学生は、小学校から障害のある子が同じクラスにいたので何も問題に思わなかったと話してくれた。

普通学級で障害のある子と一緒に学ぶという経験はこういうところで活きてくるのだと思った。障害のない人がこの社会で生きていくには、社会側が障害者のことを知っていること、そして一緒に生きることに〝慣れ〟ていることで生きやすくなる。自分の家族や専門家だけに囲まれた分離された学びの場にいては、社会は彼らと一緒に生きる力を蓄えることができない。本人もそのような社会に対して戸惑いが大きいであろう。多くの人が一緒に学ぶ経験をもつことにより、我々はともに「安心・安全」に生きていくことができる。一緒に学ぶ経験を奪ってはいけない。「インクルーシブ教育はインクルーシブな社会の礎」という言葉を実感した出来事であった。

4 国連障害者権利委員会が「特別支援教育の中止」を勧告

2022年の夏、スイス・ジュネーブの国連本部で、障害者権利条約第1回建設的対話（日本審査）が開催された（2022年8月22、23日）。その結果として出された総括所見で、障害者権利委員会（以下、権利委員会）は、日本に対して「特別分離教育（特別支援教育）を中止し、障害のある子どものインクルーシブ教育の権利を認めること」「あらゆる教育段階で合理的配慮や必要とする個別の支援を確保し、それを実現していくために国の行動計画を策定して採用すること」を強く求めた。[4]

権利委員会は、なぜ特別支援教育の中止を勧告したのか。条約の定義しているインクルーシブ教育と日本の特別支援教育が矛盾しているからである。条約では、障害のある子どもへの合理的配慮や個別支援を障害のない子どもと同じ普通学級で行い学ぶことをインクルーシブ教育と規定している。一方、日本の特別支援教育は、支援を特別支援学校や特別支援学級、そして通級指導という、普通学級とは分けた場で行うように組み立てられている。つまり、国連は「支援を分離した場で行う」特別支援教育から、「支援を普通学級で行う」インクルーシブ教育へと移行するよう求めているのである。分離した場で行われていた支援が普通学級に在籍したらなくなるというわけではない。普通学級に、障害のある子もない子も、安心して学べる環境を整えること。普通学級で、障害のある子に必要な合理的配慮や個別支援が保障されること、これがインクルーシブ教育の体制である。つまり、分離した場で手厚い支援をする特別支援教育から同じ場で共生のための支援をするインクルーシブ教育への移行を求められたということである。

では、インクルーシブ教育への移行はどのようにすればいいのか。第24条に関する総括所見の特徴として、目指すべき目標やビジョン、そしてそのためになすべきことが明確に書いてあり、非常にわかりやすい設計図をもらったような気分になる。それらを、長期、中期、短期に分けてロードマップの試案を試みた（図1）。

表1は、総括所見でインクルーシブ教育について記載されている条約第24条に関する懸念と勧告である。表2は、他の条文の懸念・勧告だが、インクルーシブ教育に関係するものを集めた。

まず、条約に批准をした日本が進むべき学校教育の方向性、これは障害者権利条約に書かれているインクルーシブ教育であることは批准国として当然である。それを確認するために、「インクルージョン」「インクルーシブ」などの条約に書かれている言葉を正しく翻訳をすること（8ⓓ）がまず求められている。そうすると、条約に書かれているインクルーシブ教育とは、排除、分離、統合（インテグレーション）とは異なるので、分離教育を含んでいる現行の特別支援教育を中止せざるを得ない。そこで、保育、幼稚園から大学までのすべての学校段階で、「インクルーシブ教育に移行するための具体的な達成目標、期間、予算を伴った、国家行動計画を採択すること（52ⓐ）」を求められている。すぐに特別支援学校や特別支援学級を廃止することは混乱を招くので、段階的に縮小・廃止し、代わりに普通学級で障害児が学べる体制を準備し充足させていく。これが、長期計画にあたる。

表１　条約第 24 条に関する懸念と勧告

	インクルーシブ教育に関する懸念事項（51）	インクルーシブ教育に関する勧告（52）
(a)	○医療に基づくアセスメントによって、障害のある子どもを分離する特別教育が永続していること。 ○これによって障害のある子ども、特に知的または心理社会的障害のある子ども、および、より多くの支援を必要とする子どもが通常の環境での教育を受けられなくなっている。 ○同様に、普通学校における特別学級の存在も分離特別教育を永続させていること。	○分離特別教育廃止を目的とする国の教育政策、法律および行政的取り決めによって、障害のある子どものインクルーシブ教育の権利を認めること。 ○また、すべての障害のある子どもに対して、あらゆる教育段階で合理的配慮および必要とする個別の支援を提供することを保障すること。 ○そのために、具体的な目標、時間枠および十分な予算を設定した質の高いインクルーシブ教育についての国の行動計画を採用すること。
(b)	○受入体制の事実上の不備によって、障害のある子どもの普通学校への就学を拒否していること。 ○特別学級の子どもが、半分以上の時間を普通学級で過ごすべきでないことを示す文部科学省の通知が 2022 年に出されたこと。	○すべての障害のある子どものための普通学校へのアクセシビリティを保障し、普通学校が障害児の就学を拒否できないことを明確にする「就学拒否禁止」（non-rejection）の条項および政策を立てること。 ○また、特別学級に関する文部科学省通知（特別学級の子どもが半分以上の時間を普通学級で過ごしてはいけないことを示すもの）を撤回すること。
(c)	○障害のある子どもへの合理的配慮の提供が不充分であること。	○障害のある子どもの個別の教育上の必要を満たし、インクルーシブ教育を確実にするために合理的配慮を保障すること。
(d)	○普通教育を担う教員のインクルーシブ教育に関するスキルが欠如していること、 ○およびインクルーシブ教育に対して否定的な態度を示していること。	○普通教育を担う教員およびインクルーシブ教育に関わる教員以外のスタッフへの研修を確実に行い、 ○障害の人権モデルについての意識を育てること。
(e)	○普通学校において代替的かつ補強的なコミュニケーションおよび情報伝達手段（聴覚障害児のための手話言語教育や、盲ろう児のためのインクルーシブ教育などを含む）が欠如していること。	○普通教育の環境において、補強的かつ代替的なコミュニケーション方法（点字、読みやすく改編したもの（Easy Read）、聴覚障害児のための手話言語教育を含む）を保障すること。 ○また、インクルーシブ教育の環境において、ろう文化を推進すること。盲ろう児がインクルーシブ教育にアクセスできるようにすること。
(f)	○高等教育段階（大学入試および学修プロセスを含む）における障害学生にとっての障壁に対処する包括的な国の政策が欠如していること。	○高等教育段階（大学入試や学修プロセスを含む）における障害学生の障壁に対処する包括的な国の政策を進めること。

出典：インクルーシブ教育情報室の翻訳をもとに筆者作成

表2　他の条文の懸念と勧告

懸念事項	勧 告
7(b) 障害者資格・認定制度を含む、法律、規制、実践に渡る障害の医学的モデルの永続化。これは、障害と能力評価に基づいて、より集中的な支援を必要とする人、知的、心理社会的、感覚障害者を障害者手当や社会参加制度から排除することを促進するものである。	8(b) 障害の有無にかかわらず、全ての障害者が平等な機会、完全な社会参加に必要な支援を地域社会で受けられるように、障害者資格・認定制度を含む障害に関する医学モデルの要素を排除するために、法律および規則を見直すこと。
7(d) 条約の日本語訳、特に、インクルージョン、インクルーシブ、コミュニケーション、アクセシビリティ、アクセス、特定の生活様式、パーソナルアシスタンス、ハビリテーションの用語が不正確である。	8(d) 条約の全ての条項が正確に日本語に翻訳されていることを確認すること。
9(b) 2016年に相模原市の津久井やまゆり園で発生した刺傷事件への包括的な対応の欠如は、主に社会における優生思想や能力主義の考え方に起因している。	10(b) 優生思想や能力主義的な考え方と、そのような考え方を社会に広めたことに対する法的責任との闘いを目指して津久井やまゆり園事件を検討すること。

出典：インクルーシブ教育情報室の翻訳をもとに筆者作成

図1　勧告に基づいたロードマップ（試案）

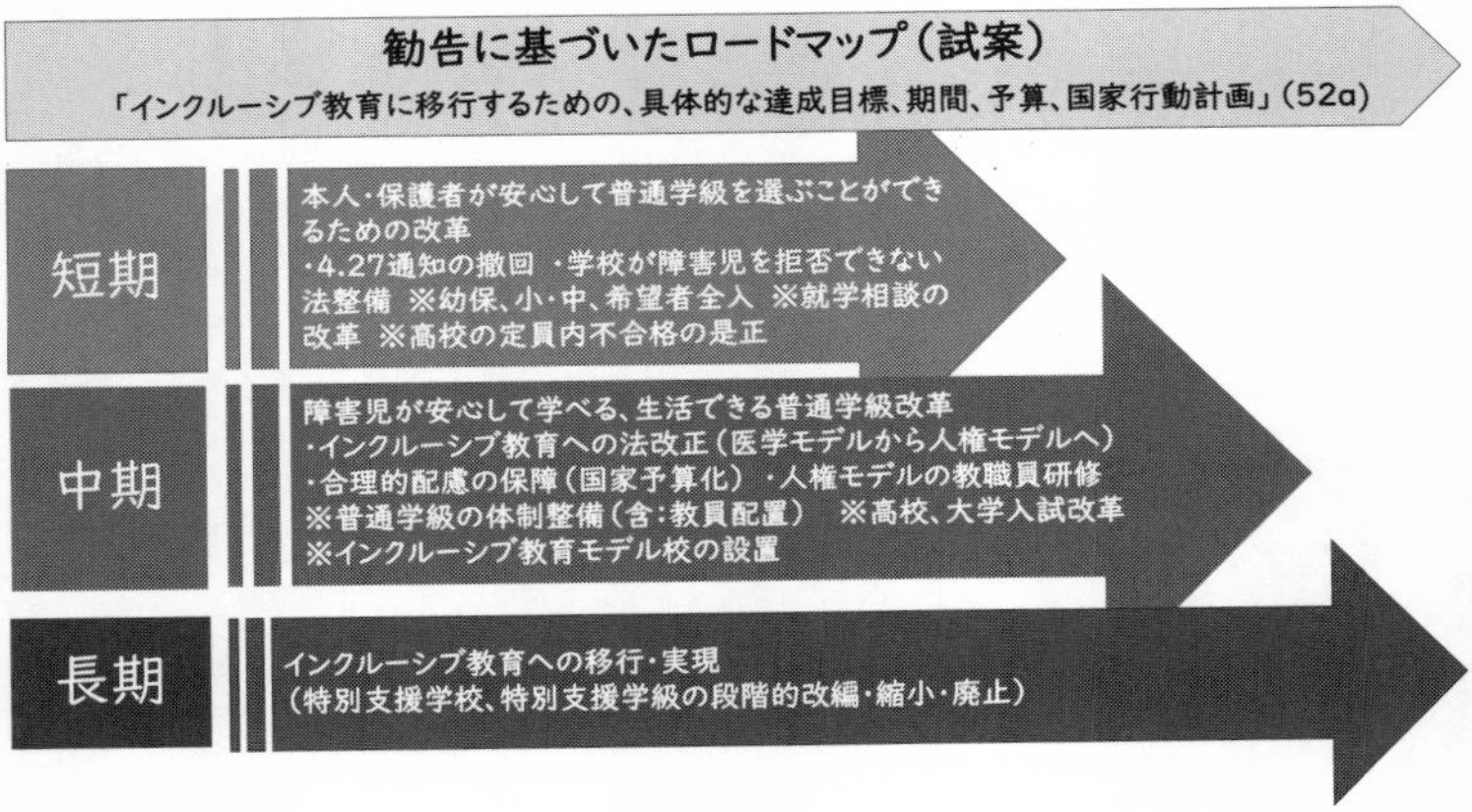

出典：筆者作成

インクルーシブ教育に移行するということは、法令改正を伴う。これを中期計画とすると、勧告には、①医学モデルである法令や規則を見直して社会モデル、人権モデルに改正する（8(b)）、②すべての障害児に対し合理的配慮を保障する（52(c)）ための法設置や予算措置をする、③教職員にインクルーシブ教育の研修を確保する、障害の人権モデルに関する意識啓発をする（52(d)）、また、④高等教育に関しても、大学入試及び学習プロセスに障壁があるのでそれに対処する国レベルの包括的政策の策定（52(f)）が求められており、これは知的障害の学生も含まれる。

具体的に見ると、①としては、特別支援学校や特別支援学級の教育目標が規定されている学校教育法第72条と第81条や、特別支援学校就学者の障害の基準が規定されている学校教育法施行令第22条の3の廃止が該当する。②は、たとえば、教員を障害児の在籍する普通学級に配置するための教職員定数法の改正が含まれるし、合理的配慮の予算を自治体に任せるのではなく、文科省による予算措置が必要になる。③は教員の養成、採用、研修の一連の流れに、社会モデル・人権モデルの理解から、インクルーシブ教育を具体的に実践できる内容が求められる。④は、入試や大学生活の合理的配慮の保障はもちろん、現行の大学入試が記憶知識に偏重しているために、知的障害のある生徒を実質的に排除していることも問題にしている。イタリアでは、ダウン症の学生が大学を卒業しているし、海外では知的障害のある学生が多く大学に在籍している。[5] 日本も、知的障害のある生徒が大学に入学するための国の政策が求められている。

そして、喫緊にすべき短期計画として現在の差別事象の解消が挙げられる。①障害児が普通学校に就学することを拒否できない非拒否条項を整備すること（52(b)）、②特別支援学級籍の児童生徒は週の過半数時間を特別支援学級で学習することを規定した2022年4月27日文部科学省通知を撤回すること（52(b)）、通常学級において、点字、Easy Read、手話などの使用を保障すること、ろう文化を推進すること、盲ろう児のインクルーシブ教育を保障すること（52(e)）。①は、現行の就学先決定の仕組みでは本人・保護者の意見を最大限尊重することになっているが、実際には、教育委員会に特別支援学校や特別支援学級を強く勧められて普通学級を選べなかったり、それ以前に、そもそも普通学級に就学することができることの説明がないということがある。地域の学校の普通学級を希望した医療的ケアを要する子どもと保護者の意向を川崎市教育委員会が拒否したため、裁判にもなっている。これらの状況をまずは救済し、普通学級を希望しているのならば就学できるようにすることがインクルーシブ教育に移行する第一段階であろう。②の通知は、特別支援学級で週半分過ごさなければならない、通常学級で過ごしてはならないという分離教育を強めるものなので、廃止しなくてはならない。③は、ろう者、視覚障害者の点字や手話を普通学級で用いてコミュニケーションを保障すること、Easy Readというわかりやすい表現を用いた教材を作成すること、盲ろう者のインクルーシブ教育を促進することなどである。Easy Readとして思い浮かぶのは、兵庫県芦屋市の小学校で作成されていた「アシスト教材」で、知的障害のある児童が普通学級の国語の授業で他の児童と一緒に音読できるように、その教材をその子の到達目標に合わせて改編していた。その子は教材のなかのひらがなの一文を読むことを目標とし、その一文を強調して表現して本人が読みやすくし、その他の文章は内容が理解しやすいように簡易な表現で書かれ挿絵が多く挿入してあった。これは今後の学力差がある子どものインクルージョンの際の教材作成に参考になると考えられ、後述するモディフィケーションの一例である。

5 知的障害者を排除してインクルーシブ教育を勧めようとしている文科省

建設的対話で、文科省特別支援教育課山田泰造課長は国連の建設的対話において、日本はインクルーシブ教育が進展しているという見解を複数回発言した。その理由として、通級による指導を受けている児童生徒の増加を挙げているというものであった。ただ、通級指導を受けているのは主に発達障害の児童生徒であり、発達障害以外の障害のある子ども（学校教育法施行令第22条の3）の普通学級の在籍は増えていない。これに関しては、モンゴルのドンドフドルジ委員から、「分離された環境で教育を受ける子どもの数がかなり増えているようにみえます」と、分離教育を受けている児童生徒が増えているデータとともに反論されている。

同じく山田課長は、日本は合理的配慮に力を入れているが、合理的配慮で特別支援学校を選ぶ当事者を全面的に減らすことは困難であると答えている。

「我が国では、小学校より中学校、中学校より高等学校の段階で特別支援学校を選ぶ当事者が増えている。その選んでいる当事者の9割は、知的障害のある子どもである。次に選ばれている理由を述べる。知的障害児にとっては、健常児と同じ学習内容を理解することは、だんだん困難になってくる。一方、発達に応じた教育を行う特別支援学校では、知的障害児も積極的に発言しリーダーシップを発揮することができる、こういった理由から選ばれている。そういう状況ではあるが、文部科学省では、引き続き、インクルーシブと合理的配慮を一層充実させていく」

特別支援学校の在籍者数が増えているのは、知的障害のある子どもが選んでいるからであると説明しており、だから特別支援学校は必要であるとしているが、ここでは、知的障害のある生徒は高校入試で高校から実質的に排除されていることには言及していない。また、「合理的配慮で特別支援学校を選ぶ当事者を全面的に減らすのは困難」と言っているが、知的障害や学力差がある子どもが一緒に学ぶための合理的配慮の一つであるモディフィケーション（教材や評価基準、達成課題の変更・調整）を知らないのではないか。先に紹介した芦屋市のアシスト教材や、海外のインクルーシブ教育先進国を見ると、モディフィケーションを用いて学力差のある子どもたちが同じ教室で学んでいる。これを行うことで、知的障害児のインクルーシブ教育ができるのである。[6]

おわりに

建設的対話で、ラスカス権利委員は条約第19条の地域生活と第24条のインクルーシブ教育はつながっていることを強調していた。「障害児を分離する学校は、障害児を分離する社会につながる」「分離教育は分離した社会を生む」「インクルーシブ教育は共に生きる社会の礎」などなど。ラスカス委員は、建設的対話の開会のあいさつで、日本が分離教育をしているのではないかと懸念していると言い、続けて津久井やまゆり園事件に言及した。津久井やまゆり園事件は、能力主義と優生思想が社会に蔓延している結果ではないのか、だとしたら、それは早急に解消しなくてはならない、そのためには分離教育からインクルーシブ教育への移行が必要である、と。

津久井やまゆり園事件を二度と繰り返さないこと、これは日本に住むすべての大人、とりわけ教員が考えなければならない命題であろう。なぜ津久井やまゆり園事件は起こったのか、一人の極端な思想に走った人間の仕業ではない。事件当時、ＳＮＳに被告人の思想に賛同する声が溢れていたことを忘れてはいけない。日本に蔓延している優生思想と能力主義の価値観がつくり出した事件である。ラスカス委員が言うように、この価値観を払しょくするための挑戦を日本はしなくてはならない。そのための第一歩がインクルーシブ教育である。インクルーシブ教育でしか払しょくできないのである。ニュージーランド元首相Helen Clarkは、「インクルーシブ教育の賛否を議論することは、奴隷制の廃止やアパルトヘイトの賛否を問うことと同等である」と述べている。「インクルーシブ教育とは、プロセスである」とも述べている。[7] インクルーシブ教育を行う一日一日がインクルーシブな社会に向かっていくのである。

【注】

1　神奈川県「『新しい生活様式』における障がい児者への配慮について」https://www.pref.kanagawa.jp/docs/yv4/coronavirus/index.html（２０２３年1月5日最終アクセス）。

2　「自立は、依存先を増やすこと　希望は、絶望を分かち合うこと」２０２２年2月7日更新。『ＴＯＫＹ

O人権』第56号（平成24年11月27日発行）https://www.tokyo-jinken.or.jp/site/tokyojinken/tj-56-interview.html#:~:text（２０２３年1月5日最終アクセス）。

3 学校教育法第72条、第81条。

4 Concluding observations on the initial report of Japan (2022,10.7)　https://tbinternet.ohchr.org/_layouts/15/treatybodyexternal/Download.aspx?symbolno=CRPD%2FC%2FJPN%2FCO%2F1&Lang=en（２０２３年１月８日最終アクセス）

5 ゆたかカレッジ・長谷川正人著（２０１９）『知的障害の若者に大学教育を――米・欧・豪・韓９か国20大学の海外視察から』クリエイツかもがわ。

6 参考「アダプテーション〈適応措置〉とモディフィケーション〈カリキュラム修正措置〉」一木玲子（２０１４）『分けないから普通学級のない学校――カナダＢＣ州のインクルーシブ教育』アドバンテージサーバー。

7 UNESCO (2020) "Global Education Monitoring Report 2020: Inclusion and education: All Means All", p. V.

第3章

公立学校がなくなり、残った学校もスカスカ

武波 謙三

1 学校が消える（過疎化・学校統廃合）

全国各地で学校が消えている。その要因として、少子化と学校規模の小規模化が言われている。過疎化と市町村合併、その影響を受けての学校統廃合の状況について考察し、学校統廃合ありきでは、教育機会の平等を確保できるのか考えてみたい。

地域そして公教育の安全保障は子どもたちの生活圏に公立学校が存在することによって、住み続けられる社会的基盤が整っていることが大前提である。深刻な実態を知ることで適切な対策も可能となる。

（1）「過疎化」について

総務省は2022年4月、2020年度国勢調査結果に基づく新たな過疎地域を追加し公表した。市町村数は東京都特別区を除き1718、過疎市町村は885（51・5％）と初めて半数を超えた。26道県では過疎地域のある地方自治体が50％を超え過疎市町村の概念それ自体が問われる事態となっている。

総務省データに基づき過疎地域の割合の高い順に集約表を作成した。北海道・東北、中国・四国、九州地方の地方自治体で高い数値となっている。特に島根ではすべての地方自治体が過疎地域で鹿児島、秋田でも90％を超えている。

過疎化と学校消滅の関係を考えるため、1970（昭和45）年の過疎地域対策緊急措置法（過疎法）制定の経緯とその後の流れについて触れてみる。

昭和40年代高度経済成長期に新規学卒者を中心として急激に都市部へ人口が流入した結果、地方の人口減少や地域社会の崩壊、市町村財政の破綻が問題となった。こうした過疎地域に対して財政支援等を行い地方における人口の過度の減少防止、地域社会の基盤強化、住民福祉の向上、地域格差の是正を目的として1970（昭和45）年からの10年間を期間とする過疎地域対策緊急措置法が制定された。過疎地域の要件は1960（昭和35）年からの5年間の人口減少率10％以上とする人口要件と、1966（昭和41）年から1968（昭和43）年までの財政力指数0・4未満とする財政力要件の二つで構成される。1970（昭和45）年5月1日時点の過疎市町村は776、全市町村3280の23・

図１　過疎市町村都道府県別分布状況

2022/4/1　現在

市町村数	1,718
過疎地域	885
過疎割合	51.5%

都道府県別過疎割合

過疎割合	団体数
0〜10%	3
10〜25%	6
25〜50%	12
50〜75%	16
75〜100%	10

過疎地域	市町村数	
全部過疎	713	41.5%
一部過疎	158	9.2%
みなし過疎	14	0.8%
合計	885	

	都道府県	過疎割合
1	島根県	100%
2	鹿児島県	97.7%
3	秋田県	92.0%
4	高知県	85.3%
5	北海道	84.9%
6	大分県	83.3%
7	鳥取県	78.9%
8	和歌山県	76.7%
9	岩手県	75.8%
10	青森県	75.0%
	全国平均	51.5%

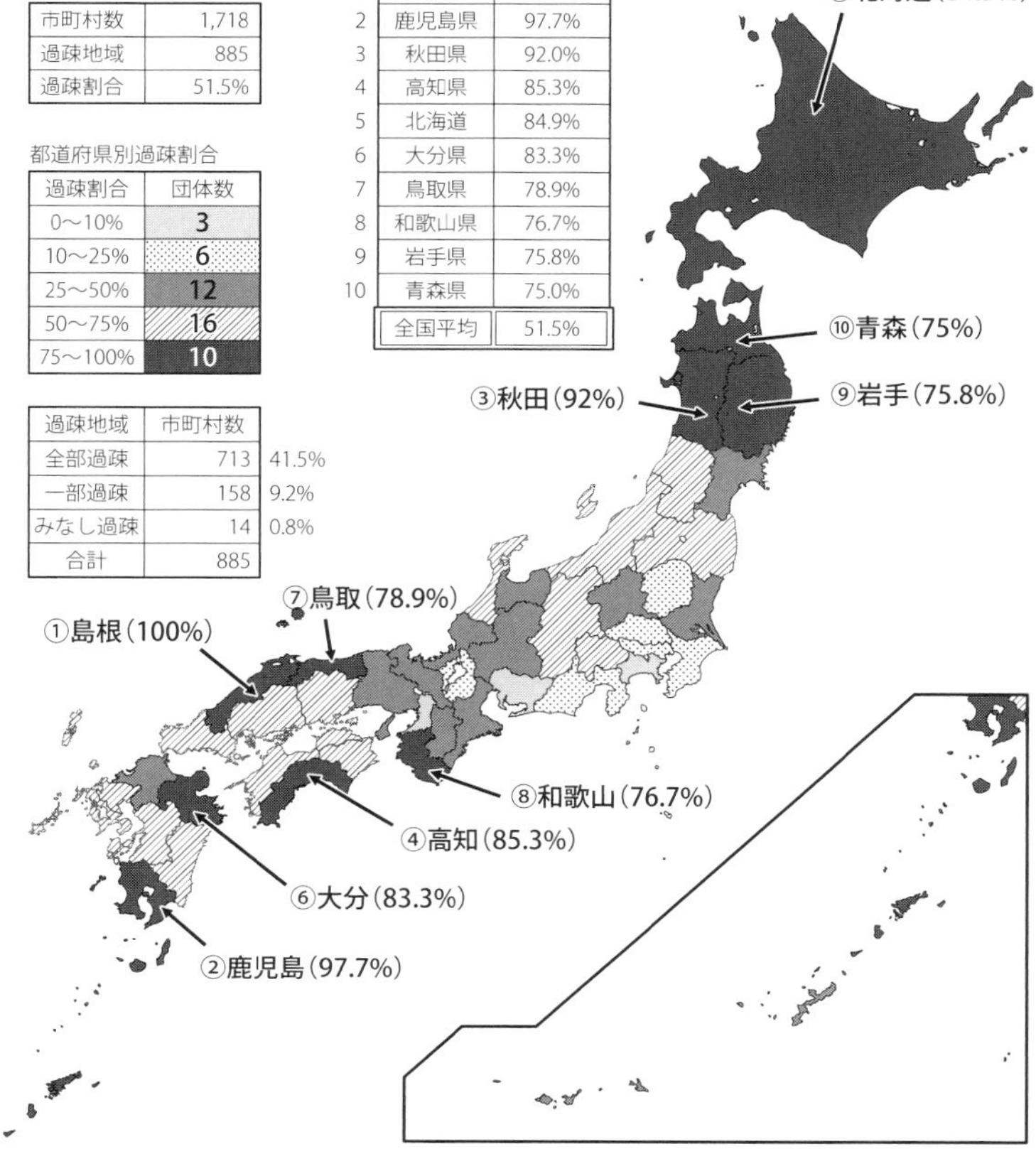

出典：2022 年 4 月総務省「都道府県別過疎関係市町村数」を参考に筆者作成

表1　過疎地域集約表

			過疎地域の持続的発展の支援に関する特別措置法による過疎地域				
都道府県番号	都道府県	市町村 (A)	(B)	全部過疎	一部過疎	みなし過疎	割合 (B)/(A)
32	島根県	19	19	16	2	1	100.0%
46	鹿児島県	43	42	36	6		97.7%
5	秋田県	25	23	21	1	1	92.0%
39	高知県	34	29	26	3		85.3%
1	北海道	179	152	145	6	1	84.9%
44	大分県	18	15	11	2	2	83.3%
31	鳥取県	19	15	10	5		78.9%
30	和歌山県	30	23	17	4	2	76.7%
3	岩手県	33	25	21	3	1	75.8%
2	青森県	40	30	26	4		75.0%
42	長崎県	21	15	12	3		71.4%
43	熊本県	45	32	26	5	1	71.1%
33	岡山県	27	19	14	4	1	70.4%
38	愛媛県	20	14	10	3	1	70.0%
15	新潟県	30	19	12	7		63.3%
6	山形県	35	22	20	1	1	62.9%
45	宮崎県	26	16	12	4		61.5%
34	広島県	23	14	10	4		60.9%
37	香川県	17	10	6	4		58.8%
7	福島県	59	34	30	4		57.6%
41	佐賀県	20	11	5	6		55.0%
36	徳島県	24	13	11	2		54.2%
17	石川県	19	10	8	2		52.6%
35	山口県	19	10	6	4		52.6%
20	長野県	77	40	32	8		51.9%
19	山梨県	27	14	9	5		51.9%
29	奈良県	39	19	19			48.7%
18	福井県	17	8	4	4		47.1%
26	京都府	26	12	9	2	1	46.2%
4	宮城県	35	16	11	5		45.7%
47	沖縄県	41	17	15	1	1	41.5%
21	岐阜県	42	17	10	7		40.5%
28	兵庫県	41	16	10	6		39.0%
40	福岡県	60	23	18	5		38.3%
10	群馬県	35	13	9	4		37.1%
24	三重県	29	10	8	2		34.5%
16	富山県	15	4	3	1		26.7%
8	茨城県	44	11	6	5		25.0%
12	千葉県	54	13	7	6		24.1%
9	栃木県	25	6	4	2		24.0%
25	滋賀県	19	4	1	3		21.1%
22	静岡県	35	7	7			20.0%
13	東京都	39	7	7			17.9%
11	埼玉県	63	7	5	2		11.1%
27	大阪府	43	4	4			9.3%
23	愛知県	54	4	3	1		7.4%
14	神奈川県	33	1	1			3.0%
計		1,718	885	713	158	14	51.5%

東京都特別区は市町村数に含まない。

出典：総務省「都道府県別過疎関係市町村数（令和４年４月１日時点）」を参考に筆者作成

７％で全市町村の４分の１であった。過疎法に基づく主な施策としては、①過疎対策事業債（地方債）と、②国庫補助金の補助率かさ上げである。過疎対策事業債は過疎地域における市町村道の改良や集会施設の整備など施設整備や住民の福祉、地域社会の基盤強化等に必要な経費について過疎地域事業債を財源とし、また将来の財政負担を軽減するため元利償還金の７割を地方交付税措置し、市町村は事業経費の３割を負担とするものである。国庫補助金の補助率かさ上げは統合に伴う小中学校の校舎等整備（通常１／２→特例５・５／10）など補助割合の特例措置である。これは小中学校の統廃合を進める市町村にとって大きな財政措置であったと推察される。子どもの行く学校がなくなれば、家族はその地域から離れる。そしてさらに過疎化が進む。これを助長した特例措置であった。

１９９０（平成２）年から10年間を期間とする過疎地域活性化特別措置法では人口要件に、新たに人口減少率20％以上かつ高齢者（65歳以上）比率16％以上と若年者（15歳以上30歳未満）比率16％以下の二つが加えられ、過疎地域の要件が長期の人口減少率、高齢者比率、若年者比率のいずれかに該当する場合とされた。その後の改正法においてもそれぞれの比率は改正されつつ現在に至っている。

過度の人口減少防止、地域振興、地域活性化、地域自立促進、地域の持続的発展を主目的としての過疎対策法だが、この間も若年層を中心とする人口流出により、著しい高齢化の進行・自然減の増大が進んでいる。財政的な特別措置を行っても大都市への流入に歯止めがかからず、市町村合併で財政規模が大きくなっても地方の人口減少はとまらない。人が住まない地域の広がりは安全保障上で望ましいことではない。

１９７０（昭和45）年に23・７％であった過疎率は50年を経過した２０２２（令和４）年には51・５％

と倍の過疎率となっている。

2022年3月、総務省公表の「令和2年度版過疎対策の現況（概要版）」[1]によれば、過疎地域の人口は1960（昭和35）年22・4％が2020（令和2）年には8・2％、人口減少の要因は1989（平成元）年以降は社会減と自然減の両方で、2009（平成21）年以降では自然減が上回っているとしている。過疎地域における高齢者の割合は1960（昭和35）年6・8％から2020（令和2）年40・2％と大幅に上昇している。

義務教育では2020（令和2）年における過疎地域の小中学校1校あたりの児童数115人、生徒数は117人である。小学校では2005（平成17）年109人と大きな変化は見られない。中学校では2005（平成17）年135人と大きく減少している。これは平成の大合併による小学校の統廃合が大きく影響しているものと推察する。過疎地域において人口減少による少子化・高齢化はより深刻な問題となっている。地域の未来を担う子どもたちが自分の足で通える距離に学び続けることができる学校があってこそ地域は持続可能性をもつことができるのではないだろうか。スクールバスに長時間揺られて通学する小学生の心理的肉体的負担をおもんばかるべきだ。強い危機感をもって小規模学校でも統廃合を行わない、という決断が必要である。

（2）明治・昭和・平成の市町村合併

1888（明治21）年に7万1314あった町村数は1889（明治22）年の市制町村制施行により全国で合併が行われ1万5859となった。明治の大合併である。1947（昭和22）年地方自治法施行、1953〈昭和28〉年の町村合併促進法施行時は9868の市町村数となっている。町村合併促進法第3条では町村を8000人以上の住民を有するのを標準とした。これは戦後の新制中学校1校を効率的に設置管理していくために必要と考えられた人口としている〈出典：総務省「市町村数の変遷と明治・昭和の大合併の特徴」〉[2]。

町村合併促進法失効時〈1956〈昭和31〉年9月30日〉には市町村数3975とほぼ3分の1となった。1965〈昭和40〉年には市町村の合併の特例に関する法律が施行され、1999〈平成11〉年から2005〈平成17〉年までは合併特例債や合併算定替の大幅な延長といった財政支援措置により市町村合併が推進された。平成の大合併である。しかし、三位一体改革に関連して地方交付税が抑制されるという地方財政上の負担から市町村合併に向かったという背景もある。2005〈平成17〉年以降は市町村の合併の特例等に関する法律〈合併新法〉により国や都道府県の積極的な関与により推進され、平成の大合併の前年1998〈平成10〉年時点で3232の市町村数は2018〈平成30〉年10月には1718、減少率46・8％となり現在に至っている。

全国町村会は「『平成の合併』をめぐる実態と評価」〈平成20年10月〉[3]で、合併によるマイナス効果の一つとして「周辺部の衰退・地域格差の発生」を挙げ、国の合併推進策の問題点を指摘する。

都道府県別の合併状況は26の県で半数以上の地方自治体が消滅している。長崎、広島、新潟、愛媛、大分、島根、山口、岡山と西日本で多く、上位の3県ではおよそ4分の3の地方自治体が消滅している。合併の進んだ地方自治体では過疎化も進んでいる。財政重視での市町村合併では人口減少を抑えることができないことを示している。身近な地域に生活のインフラを築かない平成の大合併は失

表２　都道府県別合併の進捗状況

	都道府県名	H11.3.31の市町村数	内訳 市	内訳 町	内訳 村	H30.10.1の市町村数	内訳 市	内訳 町	内訳 村	減少率
1	長崎県	79	8	70	1	21	13	8	0	73.4%
2	広島県	86	13	67	6	23	14	9	0	73.3%
3	新潟県	112	20	57	35	30	20	6	4	73.2%
4	愛媛県	70	12	44	14	20	11	9	0	71.4%
5	大分県	58	11	36	11	18	14	3	1	69.0%
6	島根県	59	8	41	10	19	8	10	1	67.8%
7	山口県	56	14	37	5	19	13	6	0	66.1%
8	岡山県	78	10	56	12	27	15	10	2	65.4%
9	秋田県	69	9	50	10	25	13	9	3	63.8%
10	滋賀県	50	7	42	1	19	13	6	0	62.0%
11	香川県	43	5	38	0	17	8	9	0	60.5%
12	佐賀県	49	7	37	5	20	10	10	0	59.2%
13	三重県	69	13	47	9	29	14	15	0	58.0%
14	山梨県	64	7	37	20	27	13	8	6	57.8%
15	岐阜県	99	14	55	30	42	21	19	2	57.6%
16	富山県	35	9	18	8	15	10	4	1	57.1%
17	鹿児島県	96	14	73	9	43	19	20	4	55.2%
18	兵庫県	91	21	70	0	41	29	12	0	54.9%
19	石川県	41	8	27	6	19	11	8	0	53.7%
20	静岡県	74	21	49	4	35	23	12	0	52.7%
21	熊本県	94	11	62	21	45	14	23	8	52.1%
22	徳島県	50	4	38	8	24	8	15	1	52.0%
23	福井県	35	7	22	6	17	9	8	0	51.4%
24	鳥取県	39	4	31	4	19	4	14	1	51.3%
25	宮城県	71	10	59	2	35	14	20	1	50.7%
26	群馬県	70	11	33	26	35	12	15	8	50.0%
27	栃木県	49	12	35	2	25	14	11	0	49.0%
28	茨城県	85	20	48	17	44	32	10	2	48.2%
29	岩手県	59	13	30	16	33	14	15	4	44.1%
30	京都府	44	12	31	1	26	15	10	1	40.9%
31	宮崎県	44	9	28	7	26	9	14	3	40.9%
32	青森県	67	8	34	25	40	10	22	8	40.3%
33	和歌山県	50	7	36	7	30	9	20	1	40.0%
34	愛知県	88	31	47	10	54	38	14	2	38.6%
35	福岡県	97	24	65	8	60	29	29	2	38.1%
36	高知県	53	9	25	19	34	11	17	6	35.8%
37	長野県	120	17	36	67	77	19	23	35	35.8%
38	福島県	90	10	52	28	59	13	31	15	34.4%
39	千葉県	80	31	44	5	54	37	16	1	32.5%
40	埼玉県	92	43	38	11	63	40	22	1	31.5%
41	沖縄県	53	10	16	27	41	11	11	19	22.6%
42	山形県	44	13	27	4	35	13	19	3	20.5%
43	奈良県	47	10	20	17	39	12	15	12	17.0%
44	北海道	212	34	154	24	179	35	129	15	15.6%
45	神奈川県	37	19	17	1	33	19	13	1	10.8%
46	東京都	40	27	5	8	39	26	5	8	2.5%
47	大阪府	44	33	10	1	43	33	9	1	2.3%
		3,232	670	1,994	568	1,718	792	743	183	46.8%

※ みよし市、野々市市、長久手市、白岡市、大網白里市、滝沢市の単独市制施行を含む。

出典：総務省「都道府県別合併実績」を H30.10.1 の市町村数に置き換えて筆者作成

敗だったのである。

（3）学校統廃合の状況

市町村の合併の特例に関する法律により市町村合併が1999（平成11）年から2009（平成21）年までの間に積極的に進められ、特に合併特例債など財政措置の期限切れとなる2005（平成17）年前後に集中し市町村数は大幅に減少し、公立学校の統廃合も強引に推し進められた。

図2のように、小学校の統廃合は2001（平成13）年から増加し、2005（平成17）年の258校をピークに2006（平成18）年までの6年間では1066校も廃校となっている。2005（平成17）年、新たな市町村の合併の特例等に関する法律の施行により、2008（平成20）年以降も毎年200校を上回る統廃合が進み、2008（平成20）年から2013（平成25）年の6年間に1472校も廃校となった。中学校では2001（平成13）年から増加し、2005（平成17）年には78校と集中した統廃合が行われた。2009（平成21）年以降は毎年70校前後の統廃合が続いている。

合併後の人口増減、高齢化、学校統廃合の事例として、市町村合併後に中核市になった下関市（山口県）を取り上げる。

下関市は2005（平成17）年2月13日に隣接する旧豊浦郡4町との新設合併（対等合併）により「下関市」となり同年10月1日に中核市へ移行した。人口推移は社会減、自然減により現在までの間に市全体で4万1017人減（△13・98％）、旧下関市2万8648人減（△11・69％）、豊北地

図２　校種別廃校数

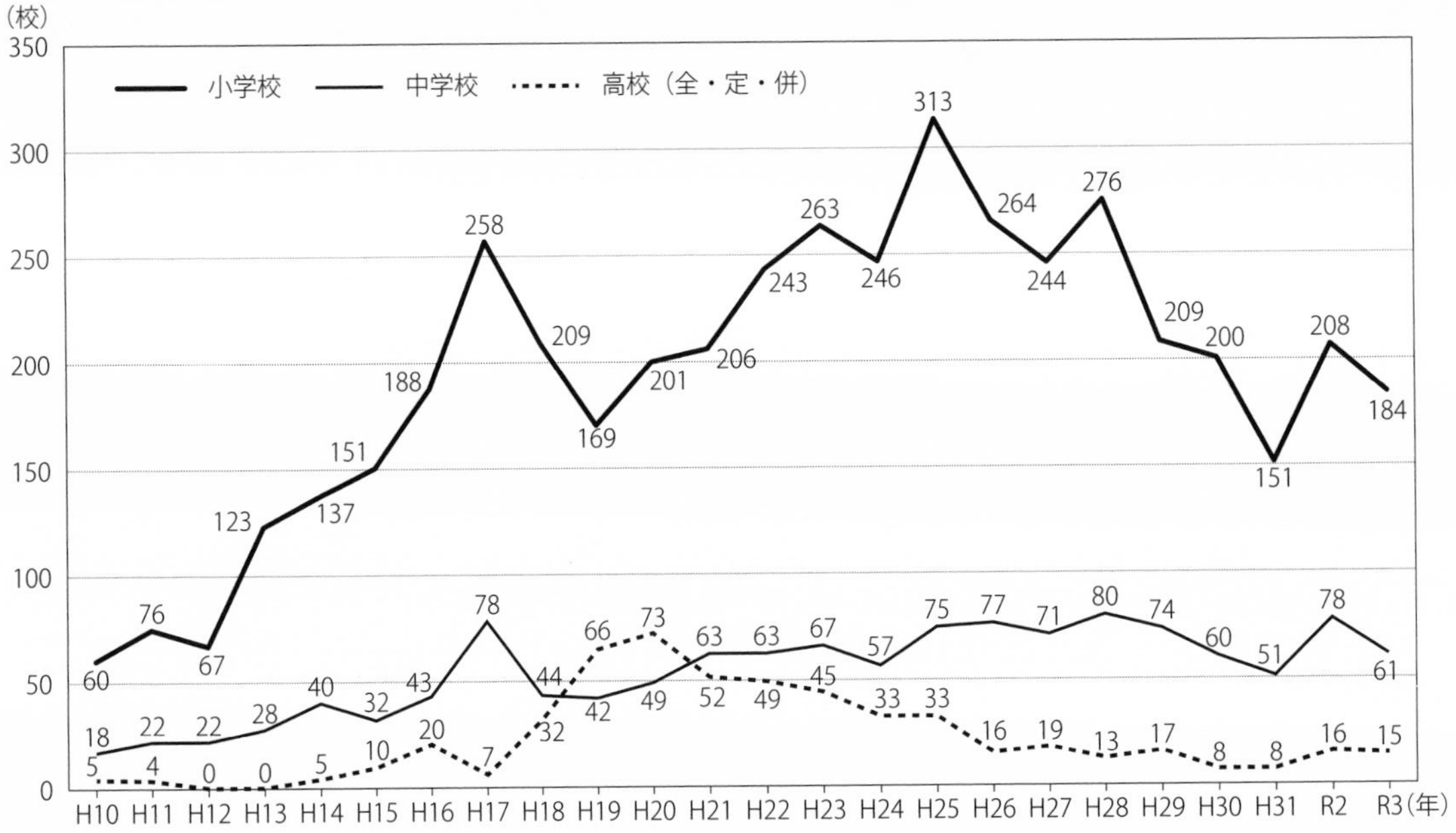

出典：文科省「学校基本調査」に基づき筆者作成

表３　市町村合併（下関市）における人口推移及び学校統廃合

教育行財政研究所

年	西暦	下関市（新市）人口（全市）	前年比	下関市（旧市）人口	前年比	小学校数	中学校数	(旧)豊北町 人口	前年比	小学校数	中学校数
平成16年	2004	293,347		245,011		33	17	12,941		8	4
H17.2.13	合併										
平成17年	2005	295,810		247,894	1.18%	33	17	12,512	-3.32%	8	4
平成18年	2006	293,596	-0.75%	246,314	-0.64%	33	17	12,217	-2.36%	8	①
平成19年	2007	291,429	-0.74%	244,789	-0.62%	33	17	11,869	-2.85%	8	1
平成20年	2008	289,147	-0.78%	243,199	-0.65%	33	17	11,582	-2.42%	8	1
平成21年	2009	287,201	-0.67%	241,910	-0.53%	33	17	11,346	-2.04%	8	1
平成22年	2010	285,243	-0.68%	240,447	-0.60%	33	17	11,130	-1.90%	8	1
平成23年	2011	282,922	-0.81%	238,829	-0.67%	33	17	10,857	-2.45%	⑦	1
平成24年	2012	280,551	-0.84%	237,160	-0.70%	33	17	10,614	-2.24%	7	1
平成25年	2013	277,902	-0.94%	235,247	-0.81%	33	17	10,322	-2.75%	7	1
平成26年	2014	275,434	-0.89%	233,408	-0.78%	33	17	10,076	-2.38%	7	1
平成27年	2015	272,543	-1.05%	231,312	-0.90%	33	17	9,719	-3.54%	⑥	1
平成28年	2016	269,699	-1.04%	229,310	-0.87%	33	17	9,450	-2.77%	6	1
平成29年	2017	266,652	-1.13%	227,080	-0.97%	32	17	9,193	-2.72%	6	1
平成30年	2018	263,573	-1.15%	224,893	-0.96%	32	17	8,925	-2.92%	6	1
令和元年	2019	260,897	-1.02%	223,033	-0.83%	32	17	8,641	-3.18%	④	1
令和2年	2020	257,553	-1.28%	220,460	-1.15%	32	17	8,338	-3.51%	①	1
令和3年	2021	253,996	-1.38%	217,675	-1.26%	32	17	8,061	-3.32%	1	1
令和4年	2022	252,330	-0.66%	216,363	-0.60%	㉛	17	7,930	-1.63%	1	1
H16～R4年度間の減少割合 ⇒		▲ 41,017	-13.98%	▲ 28,648	-11.69%			▲ 5,011	-38.72%		
学校適正規模・適正配置計画により（令和2年度～6年度） →						26	16			1	1

年	西暦	(旧)豊田町 人口	前年比	小学校数	中学校数	(旧)豊浦町 人口	前年比	小学校数	中学校数	(旧)菊川町 人口	前年比	小学校数	中学校数
平成16年	2004	6,778		5	2	20,210		5	3	8,407		3	1
H17.2.13	合併												
平成17年	2005	6,691	-1.28%	5	2	20,220	0.05%	5	②	8,493	1.02%	3	1
平成18年	2006	6,593	-1.46%	5	2	20,015	-1.01%	5	2	8,457	-0.42%	3	1
平成19年	2007	6,528	-0.99%	5	2	19,829	-0.93%	5	2	8,414	-0.51%	3	1
平成20年	2008	6,422	-1.62%	④	2	19,574	-1.29%	5	2	8,370	-0.52%	3	1
平成21年	2009	6,319	-1.60%	4	2	19,373	-1.03%	5	2	8,253	-1.40%	3	1
平成22年	2010	6,263	-0.89%	4	2	19,200	-0.89%	5	2	8,203	-0.61%	3	1
平成23年	2011	6,086	-2.83%	4	2	18,993	-1.08%	5	2	8,157	-0.56%	3	1
平成24年	2012	5,968	-1.94%	4	①	18,720	-1.44%	5	2	8,089	-0.83%	3	1
平成25年	2013	5,827	-2.36%	4	1	18,427	-1.57%	5	2	8,079	-0.12%	3	1
平成26年	2014	5,720	-1.84%	4	1	18,177	-1.36%	5	2	8,053	-0.32%	3	1
平成27年	2015	5,556	-2.87%	4	1	17,997	-0.99%	5	2	7,959	-1.17%	3	1
平成28年	2016	5,400	-2.81%	③	1	17,665	-1.84%	5	2	7,874	-1.07%	3	1
平成29年	2017	5,250	-2.78%	3	1	17,341	-1.83%	5	2	7,788	-1.09%	3	1
平成30年	2018	5,126	-2.36%	3	1	17,018	-1.86%	5	2	7,611	-2.27%	3	1
令和元年	2019	4,946	-3.51%	3	1	16,776	-1.42%	5	2	7,501	-1.45%	3	1
令和2年	2020	4,839	-2.16%	3	1	16,466	-1.85%	5	2	7,450	-0.68%	3	1
令和3年	2021	4,699	-2.89%	②	1	16,176	-1.76%	5	2	7,385	-0.87%	3	1
令和4年	2022	4,662	-0.79%	2	1	16,025	-0.93%	5	2	7,350	-0.47%	3	1
H16～R4年度間の減少割合 ⇒		▲ 2,116	-31.22%			▲ 4,185	-20.71%			▲ 1,057	-12.57%		
学校適正規模・適正配置計画により（令和2年度～6年度） →				1	1			2	2			2	1

＊H17.2.13　下関市、豊浦郡（豊北町、豊田町、豊浦町、菊川町）が新設合併（対等合併）
＊H17.10.1　中核市へ移行
＊人数は毎年12月末時点、ただし、R4年度は4月末
＊住民基本台帳に基づく市総務課作成データ参考（外国人登録含む）
＊住民基本台帳に基づく人口、人口動態及び世帯数調査（総務省）

県立高校再編整備

＊H30　豊北高校（豊北町）・響高校（豊浦町）を下関北高校（豊北町）として再編統合
＊H31　西市高校（豊田町）を山口農業高校西市分校へ（分校化）

高齢化率（地区別の65歳以上人口割合）

年度	(旧)豊北町	(旧)豊田町	(旧)豊浦町	(旧)菊川町	下関市(全)
H25	44.9%	39.1%	35.7%	30.8%	30.5%
H26	47.1%	40.5%	37.3%	32.2%	31.7%
H27	48.8%	42.6%	38.6%	33.2%	32.7%
H28	50.3%	44.1%	39.9%	34.2%	33.5%
H29	51.6%	44.9%	40.9%	35.5%	34.2%
H30	52.6%	46.2%	41.8%	37.5%	34.8%
R元	53.9%	47.3%	42.5%	38.1%	35.1%
R2	55.0%	48.5%	43.1%	38.9%	35.6%
R3	56.0%	49.8%	43.9%	39.5%	36.0%
R4	56.6%	49.8%	44.0%	39.6%	36.2%

出典：住民基本台帳に基づく市総務課作成データを参考に筆者作成

区５０１１人減（△38・72％）、豊田地区２１１６人減（△31・22％）、豊浦地区４１８５人減（△20・71％）、菊川地区１０５７人減（△12・57％）と全地区で減少し、豊北地区、豊田地区では30％以上の減少となっている。65歳以上の高齢化率は市全体では30％台で推移しているが、旧４町は高い数値で上昇しており、豊北地区では２０１６（平成28）年に50％を超え２０２２（令和４）年には56・６％とおよそ６割が65歳以上となっている。少子化の進行により、豊北地区では合併前の小学校８校・中学校４校が小学校１校・中学校１校に、豊田地区でも小学校５校・中学校２校が小学校２校・中学校１校にまで統廃合が進められた。下関市では令和６年度までを期間とする学校適正規模・適正配置計画により、市全体で学校統廃合が計画されている。県立高校も少子化の影響を受け、県全体で再編整備が進められている。旧豊浦郡４町には各町に１校ずつ普通科をもつ県立高校があったが、２０１８（平成30）年に豊北高校（旧豊北町）と響高校（旧豊浦町）を再編統合し下関北高校とし、２０１９（平成31）年には西市高校（旧豊田町）を山口農業高校西市分校とした。旧豊浦町・豊田町から県立高校普通科がなくなり、地元の中学生は他の地域の高校へ進学しなければならなくなった。小中学校の統廃合は県立高校の再編にまで進み、さらに地域から人が減っていく。

人口減少で過疎化が進み学校統廃合を進めればさらに過疎化が進行し、人口減少を繰り返すのである。空洞化する都市中心部や周辺地域を維持し、人々が安心して暮らし続けていくためには、学校統廃合ではなく小規模校であっても維持すべきである。合併した中心地域に高機能の学校を開校しても、荒廃した周辺部から通う子どもたちにとって最善の方策とは言えない。

文部科学省は少子化により学校の小規模化が進み、小中学校の学校規模が学校教育法施行規則に定める標準学級（12学級以上18学級以下）[4]未満の学校が過半数あり学校規模の適正化を進める必要があるとして、２０１５（平成27）年1月に「公立小学校・中学校の適正規模・適正配置等に関する手引」を策定し、都道府県・指定都市教育長及び都道府県知事あてに通知した。学校統合に対する基本的方向性や留意点などをまとめ、都道府県教育委員会に対して域内の市町村教育委員会への周知と指導・援助を、また、地方教育行政の組織及び運営に関する法律の一部改正により新設された総合教育会議の活用、首長部局との緊密な連携を図るよう市町村長への周知も促している。標準学級に達しない学級規模を有する学校については、学校統廃合を具体的に検討することとしている。ただし、「特に山間へき地、離島といった地理的な要因や、過疎地など学校が地域コミュニティの存続に決定的な役割を果たしている等のさまざまな地域事情により、学校統合によって適正規模化を進めることが困難であると考える地域や、小規模校を存続させることが必要であると考える地域なども存在するところであり、市町村の判断も尊重される必要がある」ともしている。このただし書きを超えて強引な合併が行われた地方自治体もある。

市町村の判断の重要性について、藤山浩は著『田園回帰１％戦略』[5]で、「島根県邑南町では定住プロジェクトとして『日本一の子育て村』構想を立て、保育園、小学校、中学校について明確な存続方針を打ち出している。子育て対策の充実により30～40代の女性の流入が高い割合となっている」としている。そのうえで、藤山は次のように指摘する（藤山、２０１５：77頁）。「地方の住民や行政は、学校を中央部にまとめ大規模にしていくことが、より地元に根ざしそこに還ってくる子供を育てることにつながるか、真剣に問い直すべきです。従来から進められてきた、都会へ遠くへと子供たちを追い出していく教育を続けることは、地元にとって自滅の道となります」。

文部科学省は手引に合わせて学校統廃合の整備支援策として、教員定数加配、施設整備補助、通学支援を予算化している。[6] 具体的には統合後の教職員数激変緩和として統合前年から統合後5年までの措置、統合の際の既存施設改修工事への補助創設（補助率2分の1）、統合に伴うスクールバス購入費補助（単価引上）と遠距離通学費補助（単価引上）で、それは学校統廃合への誘導施策である。その予算のつけ方は、間違っている。学校の安全保障の視点からは小規模校でも地域に残すことに文部科学省の予算をつけるべきであった。

学校基本調査をもとに１９９８（平成10）年度から２０２１（令和３）年度の間の学校数推移を分析した。

24年間における廃校数（分校を除く）は小学校４５８６校（△19・54％）、中学校１２７７校（△12・25％）、高等学校（全日制・定時制・併置）５３６校（△14・24％）の計６３９９校となっている。

都道府県別廃校率は小学校では青森（△44・84％）、秋田（△44・44％）、北海道（△37・43％）、岩手（△37・23％）と30％を超える団体は12。青森、秋田では半数近くが廃校となっている。中学校では岩手（△30・84％）、山形（△30・83％）、北海道（△26・49％）と20％を超える団体は10。高等学校では大分（△31・58％）、山口（△27・27％）、徳島（△26・32％）と20％を超える団体は9、大分では3割の高校が統廃合により消滅した。子どもたちの最も大切な学習環境である公立学校を消滅させた罪は深い。地域の未来に対する罪である。

高等学校の統廃合により高校生が遠距離通学となっている。全国には通学定期券補助等を行って保

表４　公立学校の統廃合数データ

※1998年((平成大合併)直前年

	番号	都道府県	小学校 2021	廃校率	1998
1	2	青森	262	-44.84%	475
2	5	秋田	180	-44.44%	324
3	1	北海道	973	-37.43%	1,555
4	3	岩手	295	-37.23%	470
5	36	徳島	181	-34.18%	275
6	6	山形	230	-33.33%	345
7	43	熊本	332	-33.33%	498
8	32	島根	195	-32.29%	288
9	39	高知	219	-31.99%	322
10	15	新潟	440	-31.57%	643
11	44	大分	257	-30.73%	371
12	31	鳥取	117	-30.36%	168
13	34	広島	458	-29.43%	649
14	29	奈良	188	-28.52%	263
15	38	愛媛	279	-27.53%	385
16	7	福島	401	-27.09%	550
17	17	石川	198	-26.12%	268
18	30	和歌山	236	-25.55%	317
19	37	香川	156	-25.36%	209
20	16	富山	178	-24.26%	235
21	8	茨城	458	-22.64%	592
22	42	長崎	308	-22.03%	395
23	35	山口	293	-21.66%	374
24	9	栃木	348	-21.27%	442
25	19	山梨	167	-21.23%	212
26	26	京都	354	-20.98%	448
27	24	三重	355	-20.05%	444
28	4	宮城	362	-19.73%	451
29	45	宮崎	229	-18.51%	281
30	46	鹿児島	490	-17.79%	596
31	33	岡山	380	-15.18%	448
32	10	群馬	300	-14.29%	350
33	20	長野	351	-13.33%	405
34	41	佐賀	155	-12.92%	178
35	28	兵庫	732	-12.86%	840
36	21	岐阜	359	-12.22%	409
37	18	福井	192	-11.52%	217
38	12	千葉	750	-11.45%	847
39	40	福岡	707	-9.13%	778
40	13	東京	1,267	-9.05%	1,393
41	22	静岡	490	-8.92%	538
42	27	大阪	970	-6.10%	1,033
43	25	滋賀	218	-5.22%	230
44	47	沖縄	261	-4.40%	273
45	11	埼玉	806	-3.47%	835
46	14	神奈川	847	-2.64%	870
47	23	愛知	961	-2.14%	982
		計	18,885	-19.54%	23,471

番号	都道府県	中学校 2021	廃校率	1998
3	岩手	148	-30.84%	214
6	山形	92	-30.83%	133
1	北海道	555	-26.49%	755
46	鹿児島	210	-23.36%	274
44	大分	122	-22.78%	158
17	石川	81	-22.12%	104
35	山口	149	-21.58%	190
2	青森	151	-21.35%	192
5	秋田	108	-21.17%	137
32	島根	90	-20.35%	113
43	熊本	161	-19.50%	200
19	山梨	81	-19.00%	100
30	和歌山	118	-18.62%	145
38	愛媛	127	-18.59%	156
37	香川	67	-17.28%	81
42	長崎	167	-16.50%	200
45	宮崎	123	-15.75%	146
47	沖縄	140	-14.63%	164
39	高知	117	-13.97%	136
16	富山	74	-13.95%	86
7	福島	211	-13.52%	244
31	鳥取	52	-13.33%	60
4	宮城	194	-13.00%	223
9	栃木	153	-12.57%	175
24	三重	155	-11.93%	176
10	群馬	158	-11.73%	179
41	佐賀	84	-11.58%	95
15	新潟	222	-11.20%	250
21	岐阜	175	-11.17%	197
36	徳島	83	-10.75%	93
33	岡山	154	-9.94%	171
26	京都	162	-9.50%	179
29	奈良	97	-9.35%	107
34	広島	233	-8.98%	256
8	茨城	213	-8.58%	233
13	東京	607	-8.31%	662
28	兵庫	332	-7.52%	359
40	福岡	327	-5.76%	347
12	千葉	363	-5.71%	385
20	長野	183	-5.18%	193
22	静岡	259	-4.43%	271
25	滋賀	96	-3.03%	99
14	神奈川	404	-2.88%	416
27	大阪	452	-2.59%	464
11	埼玉	414	-1.90%	422
23	愛知	410	-0.24%	411
18	福井	77	0.00%	77
	計	9,151	-12.25%	10,428

番号	都道府県	高等学校(全・定・併) 2021	廃校率	1998
44	大分	39	-31.58%	57
35	山口	48	-27.27%	66
36	徳島	28	-26.32%	38
33	岡山	51	-26.09%	69
1	北海道	191	-22.04%	245
15	新潟	80	-21.57%	102
43	熊本	47	-20.34%	59
3	岩手	63	-20.25%	79
38	愛媛	44	-20.00%	55
5	秋田	43	-18.87%	53
17	石川	43	-18.87%	53
45	宮崎	36	-18.18%	44
6	山形	42	-17.65%	51
46	鹿児島	61	-17.57%	74
14	神奈川	137	-17.47%	166
12	千葉	120	-15.49%	142
27	大阪	132	-15.38%	156
8	茨城	94	-15.32%	111
40	福岡	94	-15.32%	111
4	宮城	68	-15.00%	80
21	岐阜	63	-14.86%	74
2	青森	58	-14.71%	68
37	香川	29	-14.71%	34
19	山梨	30	-14.29%	35
31	鳥取	24	-14.29%	28
22	静岡	85	-14.14%	99
30	和歌山	32	-13.51%	37
10	群馬	59	-13.24%	68
41	佐賀	33	-13.16%	38
24	三重	56	-12.50%	64
20	長野	78	-12.36%	89
13	東京	186	-11.85%	211
9	栃木	61	-11.59%	69
16	富山	41	-10.87%	46
11	埼玉	139	-10.32%	155
29	奈良	39	-9.30%	43
42	長崎	56	-8.20%	61
39	高知	34	-8.11%	37
34	広島	80	-8.05%	87
18	福井	28	-6.67%	30
25	滋賀	45	-6.25%	48
28	兵庫	135	-6.25%	144
23	愛知	147	-5.16%	155
47	沖縄	59	-4.84%	62
32	島根	35	-2.78%	36
7	福島	86	-2.27%	88
26	京都	50	4.17%	48
	計	3,229	-14.24%	3,765

(注1) R3.12.22公表の学校基本調査(確定値)に基づきデータ整理をした。
(注2) 平成の大合併(1999年/平成11年)直前年との比較である。

教育行財政研究所

出典：文科省「学校基本調査：都道府県別学校数」を基に筆者作成

図３　学校統廃合（小学校）都道府県別状況

※「廃校割合」は、H10（平成大合併前年）とR3年の比較を示す

都道府県別廃校割合

廃校割合	団体数
0〜10%	9
10〜20%	11
20〜30%	15
30〜40%	10
40%以上	2

	都道府県	廃校割合
1	青森県	44.84%
2	秋田県	44.44%
3	北海道	37.43%
4	岩手県	37.23%
5	徳島県	34.18%
6	山形県	33.33%
7	熊本県	33.33%
8	島根県	32.29%
9	高知県	31.99%
10	新潟県	31.57%
11	大分県	30.73%
12	鳥取県	30.36%
	全国平均	19.54%

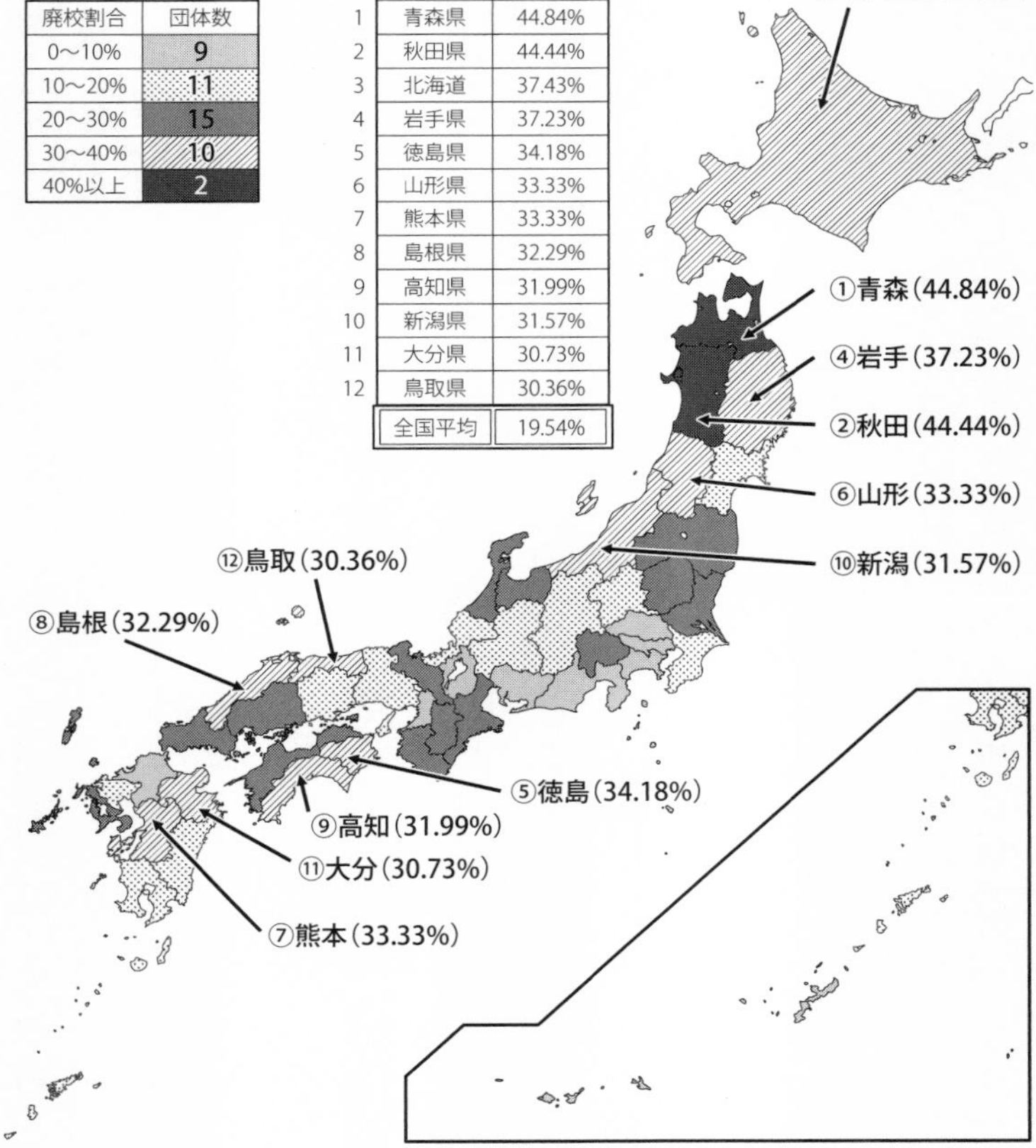

出典：文科省「学校基本調査：都道府県別学校数」を参考に筆者作成

図４　学校統廃合（中学校）都道府県別状況

※「廃校割合」は、H10（平成大合併前年）とR3年の比較を示す

都道府県別廃校割合

廃校割合	団体数
0～10%	17
10～20%	20
20～30%	8
30%以上	2

	都道府県	廃校割合
1	岩手県	30.84%
2	山形県	30.83%
3	北海道	26.49%
4	鹿児島県	23.36%
5	大分県	22.78%
6	石川県	22.12%
7	山口県	21.58%
8	青森県	21.35%
9	秋田県	21.17%
10	島根県	20.35%
	全国平均	12.25%

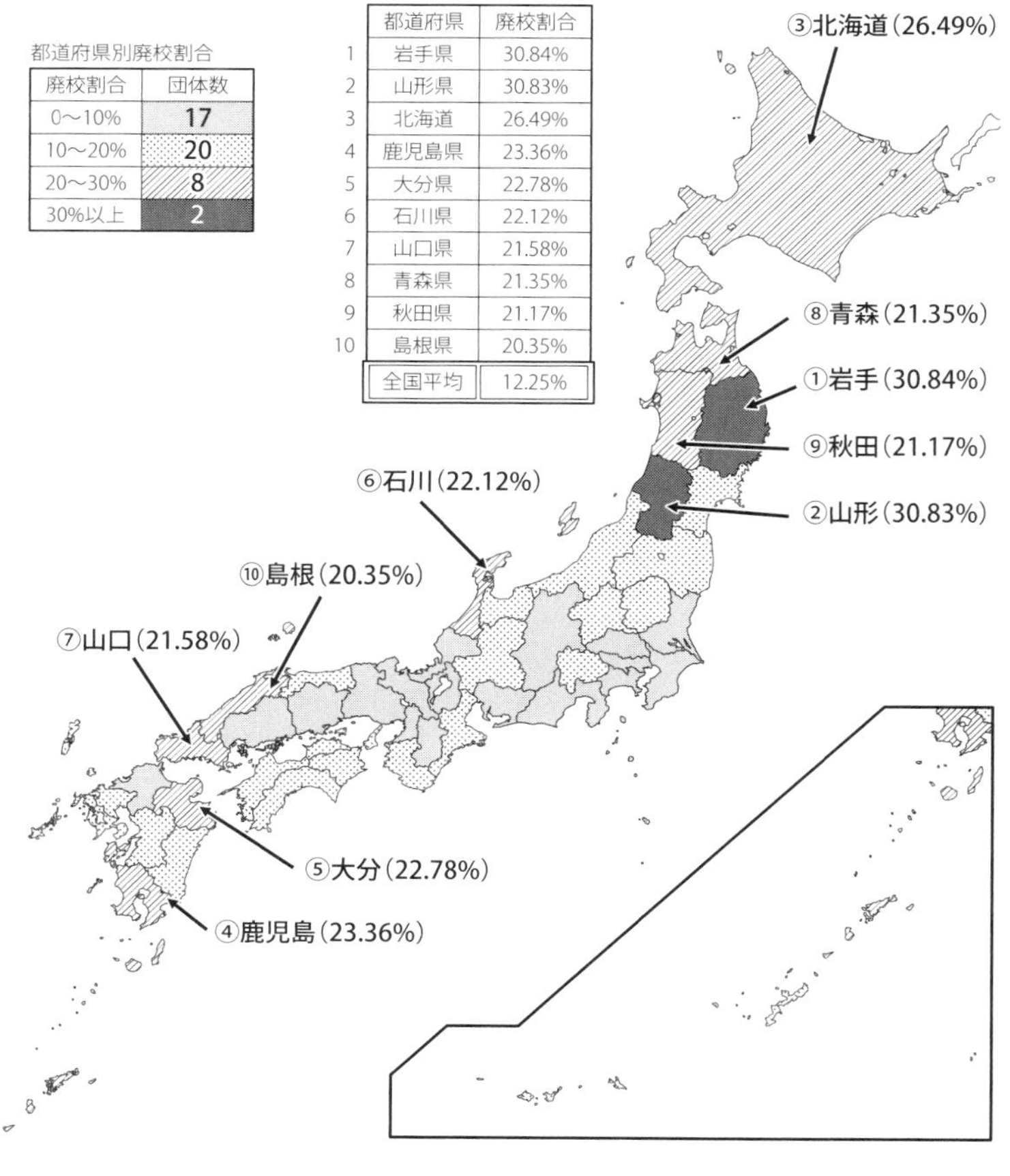

出典：文科省「学校基本調査：都道府県別学校数」を参考に筆者作成

図５　学校統廃合（高等学校）都道府県別状況

※「廃校割合」は、H10（平成大合併前年）とR3年の比較を示す

都道府県別廃校割合

廃校割合	団体数
0〜10%	12
10〜20%	26
20〜30%	8
30%以上	1

	都道府県	廃校割合
1	大分県	31.58%
2	山口県	27.27%
3	徳島県	26.32%
4	岡山県	26.09%
5	北海道	22.04%
6	新潟県	21.57%
7	熊本県	20.34%
8	岩手県	20.25%
9	愛媛県	20.00%
	全国平均	14.24%

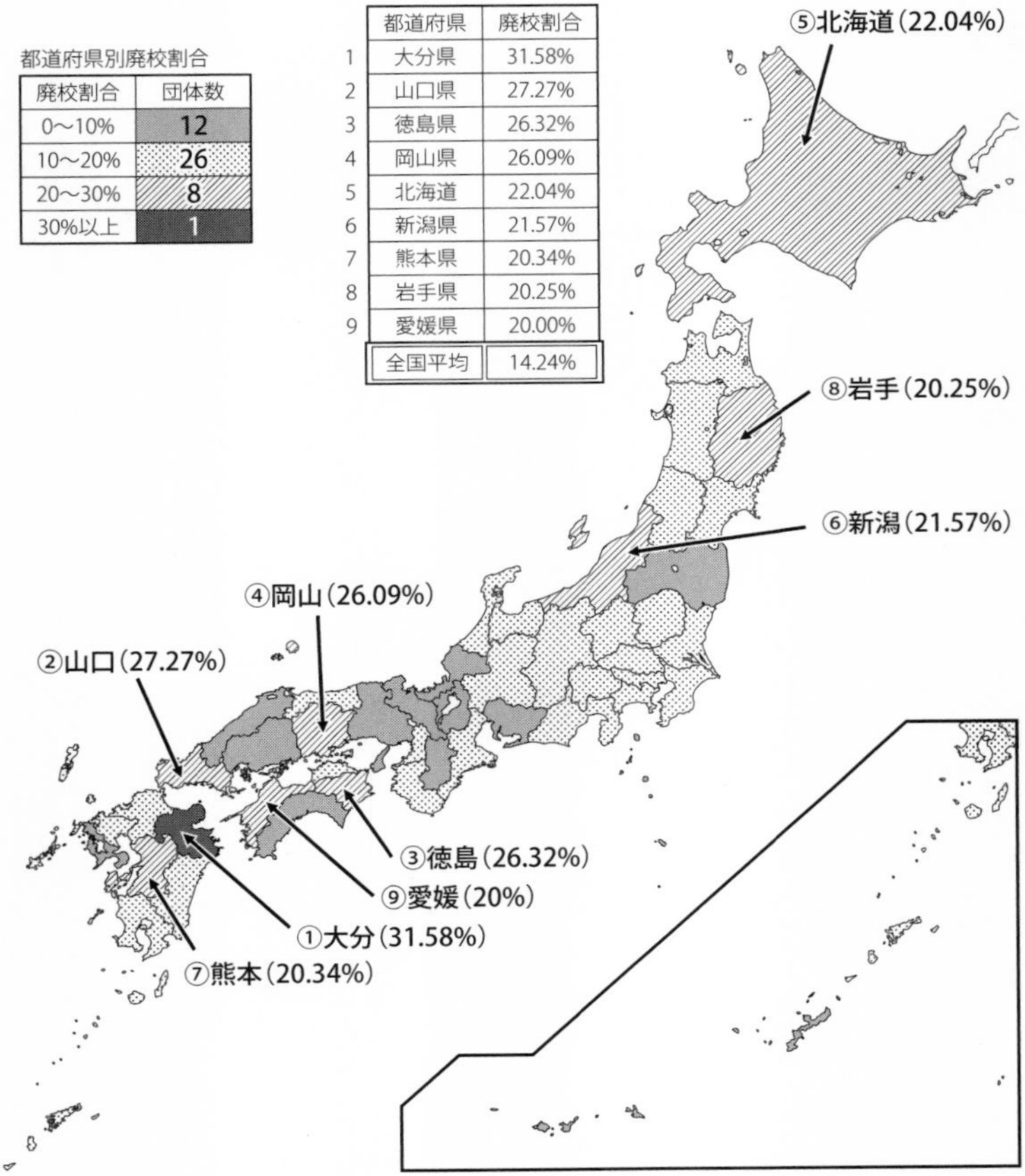

出典：文科省「学校基本調査：都道府県別学校数」を参考に筆者作成

護者へ経済的支援をしている地方自治体も少なからずある。高等学校のある地方自治体の外から通学する生徒も多い。通学費の保護者負担軽減とともに、我が町にある高等学校を存続させるための支援である。今後、通学費の無償化を国の政策として打ち出すべきである。

北海道では道立高校の募集停止により高校がなくなり他の高校へ通学することとなった場合への遠距離通学等補助事業を実施している。鳥取県では県と市町村の事業ですべての市町村において高校生への通学費助成が行われている。地域や市町村から高等学校がなくなることは人口減少にもつながる。保護者の経済的な負担や遠距離通学における高校生の健康問題を解消するためにも広域な学区をもつ高等学校の統廃合は慎重に行われるべきである。

地方の鉄道は通学列車となっている箇所がある。廃線は児童生徒の通学の足を奪うことにもなっている。スクールバスも児童生徒用だけではなく、地域住民のコミュニティバスとしても工夫していく必要がある。

島根県隠岐諸島の島前地域（西ノ島町・海士町・知夫村）では、地域唯一の県立隠岐島前高校が生徒数減少による廃校という危機に際し、廃校は地域から高校生がいなくなるだけでなく、親たちが家族ごと島を出る、人口減少に歯止めがきかず、少子高齢化で島全体が衰退していくと受け止め、「島前高校魅力化プロジェクト」により、全国から入学者を募る島留学制度や地域全体で高校生を支援する取り組みを行っている。学校や地域が魅力的になることで、若者流入、人口増加と好循環を生み出すことになっている。

高等学校は都道府県立である場合がほとんどであるが、都道府県立学校としての存続が困難との判断が行われた場合には、市町村立として存続していく方策もある。事実、北海道では町立として存続を選んだ事例がある。

奥尻町（北海道）では離島の特性を活かした特色ある学校づくりを町主導で行うため生徒数が減少し統廃合が危惧された道立奥尻高校を、2016年に町立へ移管した。就学範囲を学区外にも広げ全国から生徒を募集する「離島留学」を実施し、学区外就学者への支援制度や帰省費・昼食費助成なども整備している。町の財政状況は厳しいが、島留学生を含め奥尻高校生たちの地域に溶け込んだ活動は町に活力を与えている。このような方策は地方自治体財政等に困難な面もあることから国による財政支援を模索すべきであろう。

また村として村立高校を維持し、地域活性化を図る取り組みもある。

人口減少が著しい音威子府村（北海道）の村立おといねっぷ美術工芸高校は、道内外から毎年40人の生徒が入学し住民票を移すことで音威子府村民として生活している。村は振興の要となる高校の機能強化、高校生参加による個性的で魅力あるまちづくり、卒業生の雇用の場創出などを基本目標とし、卒業生の定住・Uターン促進へ向けた取り組みを進めることは、人口減少・少子高齢化の問題・課題解決へ大きな可能性を含んでいると位置づけている。

図3、4で見るとおり東北、北海道などでは小学校、中学校ともに統廃合が進み深刻な状況である。学校統廃合により児童生徒の通学距離、通学時間からくる健康問題も指摘されている。離島や山間へき地ではもはや限界に達している。

全国の小中学校の学校規模はどうなっているのであろうか。2021年度学校基本調査によると、小学校1万8885校のうち標準学級（12～18学級）は5640校（29・9％）、標準学級を超える学校は5159校（27・3％）、標準学級を下回る11学級以下は8086校（42・8％）と半数近くになっている。中学校は9151校中、標準学級（12～18学級）は2958校（32・3％）、標準学級を超える学校は1629校（17・8％）、標準学級を下回る11学級以下は4564校（49・9％）と半数を占め、小学校とともに小規模校化が進んでいる。

施行規則の標準学級数は戦後の児童生徒数の増加期を背景に基準として定められた。児童生徒数の減少により学校規模が小規模化し、小中学校とも半数近くが11学級以下という状況に照らして考えれば、12学級以上とする標準学級数を学級数の現状に沿って、たとえば6～12学級へと改善するとともに、過疎地域や少子化が進む地域にあっても地域社会が持続性を可能とするためにも、児童生徒が通学可能な小規模学校の維持を原則として検討すべきである。地域が望めば、一人のためであっても学校を特段に保障する国の政策が望まれる。またへき地・離島などの小規模校での課題の一つは学校職員が頻繁に入れ替わり定着性に難があることである。それでは学校の職員はどのような状況におかれているのか。次に見てみよう。

2 非正規化と外部委託で空洞化した教育現場

教育現場は多様な職員で運営されている。教員、それも正規教員の多忙化などの待遇問題に焦点を当てた論考は限りなくあるが、正規教員のみを扱っても学校がスカスカになっている事態の真の姿を見ることはできない。また、改善の道筋が新自由主義的な方策にしか至らない。学校における安全保障を担うのは学校の教職員である。地方公務員としての正規雇用を拡大して、経験的な知識・スキルを蓄積していくことが持続可能性を高めるのである。以下の分析は多種多様な学校職員の実態を詳細に明らかにすることによって、真の問題点と改善の方策を考察する初めての試みである。

なお、会計年度任用職員が導入された地方自治体職員の非正規率は38・3％である。特に町村規模の非正規率は44・6％と高い。[7] 公立学校に働く職員は、義務教育費国庫負担職員である教員、学校栄養職員、事務職員も地方自治体職員である。したがって、地方自治体職員全体の傾向は、今後の行方にとって参考になる。それは厳しい状況が予想される。

学校職場には正規教職員の他に、産休職員・育児休業職員・病気休暇者・休職者等の代替者と、正規職員が不足のための欠員補充者とが臨時的任用として期限付きで採用されている。また、週の勤務日数と1日の勤務時間に定めがある非常勤講師と再任用短時間勤務職員がおり、主に臨時的任用と非常勤講師が非正規職員として位置づけられる。正規採用教員は約8割でしかない。

さらに、いじめ対策・不登校支援や補習等のための指導員等派遣、部活動指導員の配置など生徒指導上の課題への対応や学校教育活動の充実・働き方改革を進めるとして、スクールカウンセラーや教員業務支援員など多くの専門スタッフや外部人材が配置されている。このような多様な職員で構成されている教育現場で学校職員はどのような状態にあるのか。

(1) 非正規化の実態

文部科学省は2021年「『教師不足』に関する実態調査」を実施、2021年度始業日時点で臨時的任用教員等の講師の確保ができず学校に配置されている教師の数に欠員を生じていると公表した。「教師不足」の要因は、産休・育休・病休者数の増加、特別支援学級数の増加により必要な臨時的任用教員が見込みより増加したこと、採用者数の増加に伴い講師名簿登録者がすでに正規採用されたことにより、講師名簿登録者数が減少していることが大きいとしている。報告からは年間を通して学級を担任する臨時的任用教員等の確保が難しい状況が見えてくる。

では、学校現場の教職員配置の状況はどうなっているのであろうか。「2020(令和2)年度公立小・中学校教職員実数調」[8]から、正規職員、臨時的任用、非常勤講師等の配置の状況分析を試みた。対象は教員で事務職員と学校栄養職員は除外し、教員には校長、副校長、教頭、主幹教諭、指導教諭、教諭、助教諭、講師、養護主幹教諭、養護教諭、養護助教諭、栄養主幹教諭、栄養教諭とし教員数はこれらの合計数とした。

政令指定都市(政令市)を除く都道府県の正規教員は本務者44万4531人、再任用1万5763人の合計46万2994人。臨時的任用は欠員補充3万7963人、産休代替等2万5677人の合計5万8530人。この他、国庫負担のある県費非常勤講師2万3210人、国庫負担のない単独県費と市町村費の非常勤講師がおよそ2万2000人程度配置されていると予測し、非常勤講師の合計を4万5210人と推察する。再任用短時間職員は4030人配置されている。全体の教員数を

表５　教員配置割合

（参考）公立小・中学校教職員実数調

①義務制教員配置割合

	正規職員						非正規職員												その他		
							臨時的任用				非常勤講師						非正規合計				合計数
年度	本務者	割合	再任用	割合	正規（本務者＋再任用）		欠員補充等	割合	産休代替等	割合	県費（国庫）	割合	県費（単独）	割合	市町村費	割合	臨時・非常勤/割合		再任用短時間勤務		
2017	456,043	79.88%	8,790	1.54%	464,833	81.42%	37,043	6.49%	19,380	3.39%	21,323	3.73%	9,660	1.69%	15,536	2.72%	102,942	18.03%	3,140	0.55%	570,915
2018	450,918	79.30%	10,874	1.91%	461,792	81.22%	38,085	6.70%	19,792	3.48%	22,405	3.94%	9,000	1.58%	14,000	2.46%	103,282	18.16%	3,522	0.62%	568,596
2019	447,970	78.85%	13,229	2.33%	461,199	81.17%	38,158	6.72%	20,025	3.52%	22,865	4.02%	8,500	1.50%	13,500	2.38%	103,048	18.14%	3,910	0.69%	568,157
2020	444,531	78.25%	15,763	2.77%	460,294	81.03%	37,963	6.68%	20,567	3.62%	23,210	4.09%	8,500	1.50%	13,500	2.38%	103,740	18.26%	4,030	0.71%	568,064

※2018年度以降の県費（単独）・市町村費の非常勤講師は推定値

②政令市義務制教員配置割合

	正規職員						非正規職員										その他		
							臨時的任用				非常勤講師				非正規合計				合計数
年度	本務者	割合	再任用	割合	正規（本務者＋再任用）		欠員補充等	割合	産休代替等	割合	市費（国庫）	割合	市費（単独）	割合	臨時・非常勤/割合		再任用短時間勤務		
2017	100,850	79.62%	2,813	2.22%	103,663	81.84%	8,324	6.57%	4,803	3.79%	4,552	3.59%	4,456	3.52%	22,135	17.48%	868	0.69%	126,666
2018	100,689	79.30%	3,307	2.60%	103,996	81.91%	8,381	6.60%	5,035	3.97%	4,610	3.63%	4,000	3.15%	22,026	17.35%	945	0.74%	126,967
2019	100,831	79.40%	3,884	3.06%	104,715	82.46%	8,353	6.58%	5,189	4.09%	4,241	3.34%	3,500	2.76%	21,283	16.76%	990	0.78%	126,988
2020	101,344	78.86%	4,331	3.37%	105,675	82.23%	8,291	6.45%	5,259	4.09%	4,782	3.72%	3,500	2.72%	21,832	16.99%	998	0.78%	128,505

※2018年度以降の市費（単独）の非常勤講師は推定値

（参考）公立高等学校課程別・職種別教職員実数調

③高校教員配置割合（全日制・定時制）

	正規職員						非正規職員								その他		
							臨時的任用				非常勤講師		非正規合計				合計数
年度	本務者	割合	再任用	割合	正規（本務者＋再任用）		欠員補充等	割合	産休代替等	割合	県費（単独）	割合	臨時・非常勤/割合		再任用短時間勤務		
2017	151,271	73.46%	7,200	3.50%	158,471	76.95%	12,206	5.93%	2,830	1.37%	28,269	13.73%	43,305	21.03%	4,152	2.02%	205,928
2018	148,654	72.95%	7,432	3.65%	156,086	76.59%	13,126	6.44%	2,833	1.39%	27,664	13.58%	43,623	21.41%	4,075	2.00%	203,784
2019	146,443	72.49%	8,431	4.17%	154,874	76.67%	12,726	6.30%	2,804	1.39%	27,701	13.71%	43,231	21.40%	3,905	1.93%	202,010
2020	143,488	72.16%	9,883	4.97%	153,371	77.13%	11,976	6.02%	2,864	1.44%	26,913	13.53%	41,753	21.00%	3,724	1.87%	198,848

④政令市高等学校教員配置割合（全日制・定時制）

	正規職員						非正規職員								その他		
							臨時的任用				非常勤講師		非正規合計				合計数
年度	本務者	割合	再任用	割合	正規（本務者＋再任用）		欠員補充等	割合	産休代替等	割合	市費（単独）	割合	臨時・非常勤/割合		再任用短時間勤務		
2017	5,712	68.83%	324	3.90%	6,036	72.73%	808	9.74%	98	1.18%	1,259	15.17%	2,165	26.09%	98	1.18%	8,299
2018	5,755	68.38%	350	4.16%	6,105	72.54%	797	9.47%	92	1.09%	1,336	15.87%	2,225	26.44%	86	1.02%	8,416
2019	5,532	67.82%	427	5.23%	5,959	73.05%	876	10.74%	91	1.12%	1,167	14.31%	2,134	26.16%	64	0.78%	8,157
2020	5,439	63.78%	484	5.68%	5,923	69.45%	813	9.53%	90	1.06%	1,615	18.94%	2,518	29.53%	87	1.02%	8,528

出典：文科省「公立小・中学校教職員実数調」「公立高等学校課程別・職種別教職員実数調」を参考に筆者作成

56万８０６４人と仮定し、正規教員46万２９４人（81・03％）、臨時的任用と非常勤講師を非正規職員として10万３７４０人（18・26％）、再任用短時間職員４０３０人（０・71％）となる。およそ18％の非正規職員が学校を支えているのが現状である。新規採用が増加しているが本務者の定年退職や病休等を理由とする退職により、本務者の割合は毎年低下しており、非正規職員の割合は増加傾向にある。臨時的任用の内訳は育休代替では教諭（39％）、助教諭（２・５％）、講師（58・５％）、欠員補充では教諭（25・８％）、助教諭（４・１％）、講師（70・１％）と育休代替、欠員補充とも講師の任用が他の職より高くなっている。

政令市の正規教員は本務者10万１３４４人、再任用４３３１人の合計10万５６７５人。臨時的任用は欠員補充８２９１人、産休代替等５２５９人の合計１万３５５０人。国庫負担のある市費非常勤講師４７８２人、単独市費の非常勤講師がおよそ３５００人程度配置されていると予測し、非常勤講師の合計を８２８２人と推察する。再任用短時間職員は９９８人配置されている。全体の教員数を12万８５０５人と仮定し、正規教員10万５６７５人（82・23％）、臨時的任用と非常勤講師を非正規職員として２万１８３２人（16・99％）、再任用短時間職員９９８人（０・78％）となる。およそ17％の非正規職員が学校を支えている。

臨時的任用の内訳は育休代替では教諭（53・３％）、助教諭（２・１％）、講師（44・６％）、欠員補充では教諭（37・６％）、助教諭（２・８％）、講師（59・６％）と都道府県に比べて育休代替では教諭の任用が高くなっている。

都道府県立高等学校の正規教員は本務者14万３４８８人、再任用９８８３人の合計15万３３７１

人。臨時的任用は欠員補充1万1976人、産休代替等2864人の合計1万4840人。非常勤講師2万6913人、再任用短時間職員は3724人配置されている。教員数合計は19万8848人。内訳は正規教員15万3371人（77・13％）、臨時的任用と非常勤講師を非正規職員として4万1753人（21％）、再任用短時間職員3724人（1・87％）となる。およそ5分の1の非正規職員が学校を支えている状態が続いている。小中、高校ともに本務者数の減少が続いている。

非正規職員である多数の臨時的任用や非常勤講師は1年ごとの採用など任用期間、勤務校の変更や給与面で不安定である。同じ臨時的任用でも助教諭や講師の給与等は教諭に比して安価である。臨時・非常勤職員の適正な勤務条件等を確保するとして地方公務員法等の一部改正が行われ、2020（令和2）年以降、非常勤講師は会計年度任用職員（パートタイム）として任用期間の明確化や期末手当支給を可能とする規定などが整備されたが報酬の改善は少なく、さらに、新制度導入3年目を迎え、総務省「事務処理マニュアル第2版」で指摘されていた3年目公募問題[9]による雇止めや再公募が危惧されている。

免許更新制が廃止されたことに伴い、今後臨時教員の成り手不足は緩和されるかもしれない。それは雇止めや再公募が加速する要素にもなりえる。

（2）外部委託の現状

現在、学校には多くの専門スタッフや外部人材が配置されている。

学校教育法施行規則には医療的ケア看護職員、スクールカウンセラー、スクールソーシャルワー

表6　学校に置かれる外部人材

令和3年7月8日第131回中教審初中分科会資料　参考

職名(名称)	職務内容	免許/資格	設置の位置づけ	常駐/非常駐	財政上措置
スクールカウンセラー	心理に関する専門的知見を有する者として、児童生徒、保護者、教職員に対してカウンセリング、情報収集・見立て、助言・援助等を行う。	公認心理師、臨床心理士等	任意	非常駐	1/3予算補助
スクールソーシャルワーカー	福祉の専門性を有する者として、児童生徒のニーズの把握及び関係機関との連携を通じた支援、保護者への支援、学校への働き掛け、自治体への体制整備への働き掛けを行う。	社会福祉士、精神保健福祉士等	任意	非常駐	1/3予算補助
医療的ケアのための看護師	学校において、たんの吸引や経管栄養等の「医療的ケア」を行う。	看護師、准看護師、保健師、助産師	任意	非常駐	1/3予算補助
専門の医師や理学療法士、作業療法士、言語聴覚士等	特別支援学校等において、自立活動の個別指導計画の作成や実際の指導に当たっての指導・助言を行う。	医師、理学療法士、作業療法士、言語聴覚士等	任意	非常駐	1/3予算補助
特別支援教育支援員	食事、排泄、教室移動など学校における日常生活の介助や学習支援等のサポートを行う。	なし	任意	常駐又は非常駐	地方交付税措置
GIGAスクールサポーター	学校におけるICT環境整備の初期対応を行う。	なし	任意	非常駐	1/2等予算補助
ICT支援員	教員のICT活用（授業、校務等）の支援を行う。	なし	任意	非常駐	地方交付税措置
学校司書	学校図書館の日常の運営、管理、教育活動等の支援を行う。	なし	任意	非常駐	地方交付税措置
部活動指導員	教員に代わって顧問を担う、部活動の指導を行う。	なし	任意	非常駐	1/3予算補助
外部指導者（部活動）	部活動における技術指導を行う。	なし	任意	非常駐	なし
外国語指導助手（ALT）	小学校の外国語活動や、小・中・高等学校の外国語の授業等の補助を行う。	なし	任意	非常駐	地方交付税措置
観察実験アシスタント	小学校、中学校における理科の観察・実験に使用する設備の準備・調整等を、設置者及び配置された学校の指示の下において行う。	なし	任意	非常駐	1/3予算補助
スクール・サポート・スタッフ（教員業務支援員）	教員の負担軽減を図るための教員の業務支援を行う。	なし	任意	非常駐	1/3予算補助
学習指導員	補充学習や発展的な学習など、主として学力向上を目的とした学校教育活動のサポートを行う。	なし	任意	非常駐	1/3予算補助
日本語指導補助者・母語支援員	外国人児童生徒に対し、日本語指導や教科指導における補助、外国人児童生徒や保護者からの教育相談への対応、また、教材や学校便り等の翻訳作業等を行う。	なし	任意	非常駐	自治体が補助事業を活用して日本語指導補助者、母語支援員を派遣している場合は、1/3予算補助
スクールガード・リーダー	警察官OB等が学校等を巡回し、学校安全体制及び学校安全ボランティアの活動に対して、見守り活動上のポイントや不審者への対応等について専門的な指導を行う。	なし	任意	非常駐	1/3予算補助(市町村が委嘱する有償ボランティア)
スクールロイヤー	学校における諸問題について、法務の専門家として、教育委員会や学校に対し法的なアドバイスなどを行う。	法曹資格等	任意	非常駐	地方交付税措置

出典：令和3年7月8日第131回中教審初等中等教育分科会会議資料を参考に筆者作成

カー、情報通信技術支援員（ＩＣＴ支援員）、特別支援教育支援員、教員業務支援員、部活動指導員が「職員」として位置づけられている。その他、外部人材として、ＧＩＧＡスクールサポーター、学校司書、外部指導員（部活動）、外国語指導助手（ＡＬＴ）、観察実験アシスタント、学習指導員、日本語指導補助者・母語支援員、スクールガード・リーダー、スクールロイヤー、専門の医師・理学療法士・作業療法士・言語聴覚士などである。

採用にあたっての財政措置として、特別支援教育支援員、情報通信技術支援員（ＩＣＴ支援員）、学校司書、外国語指導助手（ＡＬＴ）、スクールロイヤーは地方交付税措置、その他の職についても国の３分の１予算補助があるが市町村の負担は多くなっている。市町村財政の厳しい中での３分の２予算措置は負担感が大きい。採用に関して、たとえば「教員業務支援員」は卒業生の保護者など地域の人材を、「学習指導員」は退職教員・教師志望の学生をはじめとする大学生・学習塾講師・ＮＰＯ等教育関係者・地域の人材を、「部活動指導員」には部活動に係る専門的な知識・技能を有する人材を想定している。

しかし、すべての地方自治体で、こうした地域人材や退職教員・大学生・教育関係者や専門的知識・技能を有する人材を確保することは非常に困難な状況にある。教育産業、スポーツクラブに外注するなどの市場化・産業化の拡大もありうる。公立学校のあり方として望ましいものかという疑問がある。

（3）学校職場の再生に向けて

正規教職員と不安定な環境にある非正規教職員で構成された学校現場では、学校の働き方改革が言われ、教員の多忙化解消としての専門スタッフや外部人材とともにスカスカな「チーム学校」を進めようとしている。正規教職員と安価な給料や報酬・任用期間・職務内容・採用要件などを抱える非正規教職員の課題解決とともに、専門スタッフや外部人材など新たに配置された各職種の課題を把握し、学校職員が主体的自主的に教育業務を行うことができる環境をつくり出すにはきわめて困難な課題がある。多種多様な学校職員が混在しスカスカな現状を変える必要がある。学校の安全保障の危機である。

このことを踏まえた適材適所と職種を超えた同僚性を実感できる有機的な連携ができる学校組織が必要である。職種間の平等性が担保できる新たな職員会議が望まれる。それをつくり出せる学校管理職ばかりではない。以上、示してきた客観的なデータを基にした長期的な展望に立つ計画的な配置から始めることが、公立学校として「チーム学校」の基礎づくりではないだろうか。

＊初出　「1　学校が消える（過疎化・学校統廃合）」に関する箇所は、長崎県地方自治研究センター『ながさき自治研』85号（2022・11）に載せた「学校統廃合について」を本書の趣旨に合わせて書き直したものである。掲載することを承諾していただいている。

【注】

1 令和4年3月「令和2年度版過疎対策の現況（概要版）」（総務省）。

2 総務省「市町村数の変遷と明治・昭和の大合併の特徴」https://www.soumu.go.jp/gapei/gapei2.html（2022年6月1日最終アクセス）。

3 道州制と町村に関する研究会（全国町村会）（2008）「『平成の合併』をめぐる実態と評価」。

4 学校教育法施行規則第41条「小学校の学級数は、12学級以上18学級以下を標準とする」。

5 藤山浩（2015）『田園回帰1％戦略――地元に人と仕事を取り戻す』農文協。

6 平成27年1月28日「少子化に対応した活力ある学校づくりに活用可能な予算事業について」（文部科学省初等中等教育局）。

7 2020年度 会計年度任用職員の賃金・労働条件制度調査・報告（自治労）。

8 公立小・中学校教職員実数調（令和2年5月1日現在）文部科学省。公立高等学校課程別・職種別教職員実数調（令和2年5月1日現在）文部科学省。

9 2022年5月17日公開「3年目公募問題」公務非正規女性全国ネットワーク（はむねっと）。

郵便はがき

料金受取人払郵便

神田局
承認

7846

差出有効期間
2024年6月
30日まで

切手を貼らずに
お出し下さい。

101-8796

537

【受 取 人】

東京都千代田区外神田6-9-5

株式会社 **明石書店** 読者通信係 行

お買い上げ、ありがとうございました。
今後の出版物の参考といたしたく、ご記入、ご投函いただければ幸いに存じます。

ふりがな お 名 前	年齢	性別

ご 住 所 〒 -

TEL ( ) FAX ( )

メールアドレス	ご職業（または学校名）

＊図書目録のご希望	＊ジャンル別などのご案内（不定期）のご希望
□ある	□ある：ジャンル（ ）
□ない	□ない

書籍のタイトル

◆本書を何でお知りになりましたか？
□新聞・雑誌の広告…掲載紙誌名[ ]
□書評・紹介記事……掲載紙誌名[ ]
□店頭で □知人のすすめ □弊社からの案内 □弊社ホームページ
□ネット書店 [ ] □その他[ ]

◆本書についてのご意見・ご感想

■定　価	□安い（満足）	□ほどほど	□高い（不満）
■カバーデザイン	□良い	□ふつう	□悪い・ふさわしくない
■内　容	□良い	□ふつう	□期待はずれ

■その他お気づきの点、ご質問、ご感想など、ご自由にお書き下さい。

◆本書をお買い上げの書店
[市・区・町・村 書店 店]

◆今後どのような書籍をお望みですか？
今関心をお持ちのテーマ・人・ジャンル、また翻訳希望の本など、何でもお書き下さい。

◆ご購読紙 (1)朝日 (2)読売 (3)毎日 (4)日経 (5)その他[新聞]
◆定期ご購読の雑誌 [ ]

ご協力ありがとうございました。

ご意見などを弊社ホームページなどでご紹介させていただくことがあります。 □諾 □否

◆ご 注 文 書◆ このハガキで弊社刊行物をご注文いただけます。
□ご指定の書店でお受取り……下欄に書店名と所在地域、わかれば電話番号をご記入下さい。
□代金引換郵便にてお受取り…送料+手数料として500円かかります(表記ご住所宛のみ)。

書名	冊
書名	冊

ご指定の書店・支店名	書店の所在地域 都・道 府・県 市・区 町・村
	書店の電話番号 (　　)

第4章

学校給食の安全保障

中村 文夫

1 学校給食の継続性

(1) 危機に強い学校給食の条件

無償の学校給食という時代がいよいよ到来しようとしている。21世紀の食糧難は貧困世帯をはじめ広範な階層に生活の危機をもたらしている。これまで学校給食の課題は食事のマナー、栄養摂取、食中毒などが注目され、学校給食費についても単価や生活保護家庭への給付が個別的に取り上げられてきた。現在、食の安全保障の視点から学校給食を総合的に把握した具体的な改善が迫られている。

学校給食の食材調達は地方自治体ごとに相違している。主要な食材を学校給食会から調達している[1]地方自治体も多い。また農林水産物を、生産された地域内において消費する取り組みである地産地消を掲げて、なるべく地元の農産物を優先的に購入する場合も多い。その場合、栽培契約まで結んでいるケースは少ないと思われる。大口需要者である学校給食の事業にとって良質の食材の一定量の確保は不断の課題である。需要そのものが多くはない有機食材を栽培する農業者の割合は少ない。

農作物は自然が相手であるため、気候風土、天候の具合に影響される。それは国内だけではなくサプライチェーンで海外から輸入する場合でも、同様である。さらに輸送の安全、コストなどの物流の影響を受ける。

人が生きていくための治山治水から始まる政治のあり方も重要である。世界には国家間、そして国内の悪政による紛争が続いている不安定な地域が多く存在する。疫病も断続的に流行する。それによる農業従事者の確保や物流の途絶の影響も深刻である。「日本列島の海は、食料という一点に絞っても、陸のハタケに対する海のハタケであった[2]」と言われる漁業でも同様である。

食の安全保障の観点から学校給食をとらえるとき、食材の確保から始まって、安全安心な食材を食べる子どもたちの身近で調理する、そしてそれを無償で提供するという総合的な枠組みが重要である。

日本では、国が海外との関係を断つ「鎖国」をしていた江戸時代に享保・天明・天保と3度の大飢饉があった。天明の米価高騰に対する京都・信濃での民衆蜂起が起きている。明治以降も１８８９年、１８９７年、１９１８年と米価沸騰による米騒動が起きている。１９１８年に第１次世界大戦時のシベリア出兵が引き金となって、史上最大規模の米騒動が各地で起きた。気候変動に軍事という人為が重なると状況は悪化する。学校給食に先んじて軍隊食は実施されていた。その兵士用のコメの投機的買い占めが状況を悪化させた。[3]

第2次世界大戦では都市部の子どもたちは、住宅密集地に向けた米軍のB29からの焼夷弾を使った大量無差別殺人から逃れ、また食糧を確保するために「学童疎開」も味わったのであった。人々の生命維持に直結する食糧の確保は最重要課題である。学校給食が広がったのも第2次世界大戦中・後の食糧不足からである。

敗戦直後の食糧難にせめて子どもたちだけでも十分な食べ物を食べさせたいという地域・保護者の必死の願いがこもった自主的な試みが今日の直接の源流である。設置者である地域の先進的な取り組みの広がりを受けて、1954年に国が学校給食法を制定したのであった。その痕跡は食材費の保護者負担などのかたちで学校給食法に残っている。

サンフランシスコ講和条約発効によって、経済力の弱い農山村や政治的に優先順位を低くみなした地方自治体では中止続出という事態も生じたのである。[4] 今日まで、中学校の学校給食を実施していない地方自治体が神奈川県を中心に存在している。2008年6月学校給食法は食育基本法の趣旨に沿って改正されている。だが、無償の学校給食は政治的に放置されてきた結果、課題として残されている。戦後は終わっていない。今こそ学校給食法を改正して保護者負担をなくす、すなわち無償化する課題を解決するときである。

1941年から実施されていた食糧管理制度は、敗戦直後の農業生産力低下による食糧不足により、その配給制度が機能せず、遅配、欠配が続き、1945年11月には餓死対策国民大会が日比谷公園で開かれた。1946年5月19日、食糧メーデー（飯米獲得人民大会）が宮城前に25万人を集めて実施された。

1946年当時、内務省警保局は「食糧危機の実情と問題点」で「食糧を通じて国家形体は破壊せられる」と述べるまでに状況は悪化していた（天川晃「6『民主化』過程と官僚の対応」）[5]。

食糧メーデーの直後、マッカーサーが吉田茂首相に食糧支援を約束することで、組閣が可能となった。アメリカ合衆国の食糧過剰対策と親米派政治家の思惑が一致して、米食から粉食への転換が強引に行われ、全国にキッチンカーを走らせ西欧風料理を広げ、ララ資金（1946年11月）・ユニセフ（1949年）等による輸入・寄贈食糧によって学校ではパンと脱脂粉乳の給食が提供された。「パン給食導入を契機に、日本の食生活が大きく変化し始めたと言える。そして、食糧安保の根っこの問題が、ここから始まった」と農林水産省の元官僚である篠原孝は語っていた[6]。

その後、コメ自給率は100％を超え、コメの過剰問題に端を発し減反政策と米飯給食の導入が行われて現在に至る（2018年度米飯給食週3・5回）。1980年代の総合安全保障の柱である食糧の安全保障の実態はアメリカ農産物の輸入国としてのそれでしかなかった。過度の減反政策という失敗により、1993年には夏の天候不良によるコメ不足を引き起こし、この事態は翌年まで続いた。主たる食べ物がコメだけである必要はもちろんなくて、地域風土に根づいた農産物で自給率が上がればよいのである。歴史的に見ても主たる農作物がコメではなかった地域も多いのである。しかし、食糧自給率が低いままであるのはアメリカ産の食糧に依存することを加速させてきた日本の農政に原因がある。今後も単一作物に傾斜することなく、多様な食材の自給率向上こそが望まれる。古代から願ったのは五穀豊穣であり、コメという単一農作物ではなかったのである。

棚田にみる、耕して天に至る営みがなくなると、過疎化が進んだ。それは水田稲作だけではなくサツマイモの段々畑もあったのである。子どもの姿が消え、学校が統廃合された。地域の永続性も失われた。それもこれも愚かな政治の結果である。

学校給食の実施（2018年度実施状況等調査では完全給食、小学校98・5％、中学校86・6％）においても、たびたび食材調達の課題が浮上してきた。課題は自給率の低さだけではない。保護者からの徴収金を私会計のままに、「どんぶり勘定」で学校給食費会計を実施した特有の要因も大きい。透明性のない財務は、公的なチェックがきかず、脆弱性を改善できず、危機に対応できないのである。

2016年には野菜価格の高騰のために学校給食の実施が困難になった。モヤシなど安定していた食材への変更や量の減少、肉魚は価格の安い部位を使用するなど各地で工夫を重ねて危機を乗り越えた。

弁当持参を行おうとした地方自治体には三重県鈴鹿市がある。市長は「市教育委員会が給食の中止を決めたことに、『子育て政策に力を入れる中、非常に残念だ。拙速だ。担当課は給食をあまり重要と考えていなかったと思わざるをえない』と批判した」（『朝日新聞』2016年11月8日「鈴鹿市給食中止を一転撤回　会計透明化を検討へ」）。

鈴鹿市長は中止を撤回し、学校給食費を私会計というどんぶり勘定から公会計化へ転換した。自治労学校事務協議会が学校給食費の公会計化を先導的に取り組んでいた[7]。それを鈴鹿市はしていないいために、２０１６年9月段階で１０００万円弱の赤字を抱えていたのであった。このように学校給食を継続させる安全保障という視点からも、後ほど詳しく述べる公会計化は必須である。

さらに食材等の値上げ分を保護者に負担させるのではなく、地方自治体が公的資金を投入する方策がある（つまり、無償、あるいは一部無償）。それが広がったのは、新型コロナウイルス感染拡大（コロナ禍）も契機となった。安倍元首相の一言で学校が一斉休業になるという前代未聞の学校教育の危機に、地域が自発的に子どもたちの食を守る試みがあった。国が守る気がないのであれば、守れるのは地域しかない。

「安定的な学校給食提供体制の構築に関する調査」（令和3年度文部科学省委託調査）によれば、学校・教育委員会と関連事業者との間に契約書がない、キャンセル条項がないなどの基礎的な商取引のルールが不在であったことが指摘されている。その理由として考えられるのは、学校給食費が公会計化されていなかったことである。保護者からの徴収だけではなく、関連事業者との食材費の購入・支払いにおいても「どんぶり勘定」が無用の混乱を助長させてしまった可能性がある。

コロナ禍の危機を契機として、学校給食を無償化する地方自治体が広がった。教育行財政研究所の「コロナ禍対策に伴う保護者負担軽減調査」（２０２０年6月）によれば、[8] 無償化について年度内という期間を限ったのが30自治体、臨時休業期間中などの一定期間が１２７自治体、合わせて全国の自治体の9・0％、その他就学援助世帯への無償化が77自治体であった。子どもを飢えさせない、そのための素早い対応を全国の約1割の地方自治体が行ったのである。それは義務制公立小中学校が市区町村立であってみれば、身近な行政組織として当然の行動であるとはいえ、そのことは子どもに地域への信頼として長く記憶されるであろう。

学校給食費の公会計化と無償化とが、学校給食における安全保障の最低限の条件である。この条件が、人間の安全保障（ヒューマン・セキュリティ）として機能し、子どもたちの命と安全をつなぐことになる。

(2) 高齢化と後継者不足が続く農業の変容

食の安全保障に関する政府の考え方と現状は以下のようである。1999年7月に公布・施行された「食料・農業・農村基本法」は、国内の農業生産の増大を図ることを基本とし、これと輸入及び備蓄を適切に組み合わせ、食料の安定的な供給を確保することとしている。また、凶作や輸入の途絶等の不測の事態が生じた場合にも、国民が最低限度必要とする食料の供給を確保しなければならない、として食料の安定供給の確保について第2条で4項目を列挙している。

第2条　食料は、人間の生命の維持に欠くことができないものであり、かつ、健康で充実した生活の基礎として重要なものであることにかんがみ、将来にわたって、良質な食料が合理的な価格で安定的に供給されなければならない。

2　国民に対する食料の安定的な供給については、世界の食料の需給及び貿易が不安定な要素を有していることにかんがみ、国内の農業生産の増大を図ることを基本とし、これと輸入及び備蓄とを適切に組み合わせて行われなければならない。

3　食料の供給は、農業の生産性の向上を促進しつつ、農業と食品産業の健全な発展を総合的に図ることを通じ、高度化し、かつ、多様化する国民の需要に即して行われなければならない。
4　国民が最低限度必要とする食料は、凶作、輸入の途絶等の不測の要因により国内における需給が相当の期間著しくひっ迫し、又はひっ迫するおそれがある場合においても、国民生活の安定及び国民経済の円滑な運営に著しい支障を生じないよう、供給の確保が図られなければならない。

この法律は農産物輸入を自給率と並列しているため、不測の事態の備えに有効に機能するとは思えない。２０２０年12月に改訂された「農林水産業・地域の活力創造プラン」に基づき、農林水産省は新型コロナウイルス感染症の世界的な感染拡大など、食料供給を脅かす新たなリスクに適切に対応するため「食料安全保障対策の強化について～今後講じるべき食料安全保障施策の検討結果」をとりまとめた。「緊急事態食料安全保障指針に基づき「早期注意段階」の新設や事業継続計画等を策定した。農林水産省の『食料・農業・農村白書』から苦しい現状を羅列的に見てみる。基幹的農業従事者は減少傾向にあり、２０２０年は１３６万人、１０８万経営体。農地面積も減少傾向にあり、２０２１年に４３５万ヘクタール。このようなことから２０２０年度の食料自給率は、前年度に比べて1ポイント低下し、37％。世界的な食料価格の上昇は、国内の食料価格にも影響を与え、食用油、小麦粉等の消費者物価指数は上昇傾向で推移している。農業従事者を埋めるために技能実習生は在留期間延長等により前年度同水準の３万８５３２人。低賃金である技能実習生によって農業を成り立たせようという廉恥なき考えには、持続可能性はない。

新たな農業戦略としてみどりの食料戦略が策定されている(「令和3年度　食料・農業・農村白書」2022年5月)。上述の白書を見る限り、国の農業施策はコロナ禍、そして世界的な天候不順とウクライナへのロシアの侵攻による不安的な食糧供給への対策として不十分である。

2022年になって顕在化しているパンの値上げなど物価高騰は家庭だけではなく、全国的に学校給食費の値上げラッシュを引き起こした。理由の一つは基本物資の小麦粉の価格上昇である。気候不順を原因とする北米での不作を理由とした農林水産省による過去2番目の輸入小麦の売り渡し価格17%上昇(4月1日より)が影響した。加えて、小麦地帯であるウクライナ侵略による影響である。疫病、戦争などによる供給体制が不全になる時代である。身近な産地で必要な物資を調達できる体制へシフトすることは当然として、学校ごとの「小さなどんぶり」から地方自治体として公会計化することで「より大きな器」に変え、価格変動を吸収する施策は必須である。地方自治体からの補助を拡大し、保護者へ価格上昇分の転嫁を行わない対策を実施した地方自治体も多い。

2022年、地方自治体の学校給食への姿勢が問われる事態となった。政府は2022年4月26日に決定した緊急経済対策に、新型コロナウイルス対応の地方創生臨時交付金を拡充した。文部科学省は2022年4月5日、各教育委員会に交付金の活用を促す文書連絡を行っている。物価高騰による学校給食費の保護者負担軽減についての文部科学省調査(2022年9月9日発表)によれば、「新型コロナウイルス感染症対応地方創生臨時交付金(予算額1兆円)」等を活用した取り組みは679自治体(37・9%)で実施、812自治体(45・3%)で実施予定である。このうち臨時交付金を活用・活用予定が77・3％である。学校給食費の値上げを予定していないなどを含め、実質保護者負担を行っていない地方自治体は1775自治体（99・0％）となった。この事態を契機として無償・一部無償に踏み出した地方自治体もある。保護者負担に依拠した現行の学校給食制度が破綻に瀕していると言える。一時的な対応ではなく、無償化に向けた継続的な取り組みに発展させることが重要である。

2 無償の学校給食で安全保障の実態化

（1）ともに食べることの楽しさの舞台設定

日本の農業の衰退とサプライチェーンを要因とする学校給食の食材の不安定供給の実態を見てきた。他方では、学校給食の内容の充実、学校給食の無償化が進んできた。以下の記述は、長崎県地方自治研究センターの機関誌『ながさき自治研』84号（2022年7月号）に向け執筆したものをベースに、安全保障の観点を加えて書き改めたものである。事例として長崎県を中心に、九州・沖縄地方を取り上げる。

学校給食は、家庭や外食の食事とは相違して公教育の一環として実施されてきた。そのため学校給食費も教育活動に伴う費用負担の課題として考える必要がある。これまで保護者負担が当然視されてきたが、21世紀になって公費負担の流れが急拡大している。教育行財政研究所の独自調査によれば、

2022年12月現在、学校給食費をすべて無償としている地方自治体は257、第2子以降無償とするなどの一部無償を合わせると全自治体の3分の1以上（37・3％）。そして学校給食費の取り扱いを、私会計から脱却して、公会計化処理としている地方自治体も5割である。なお、学校給食費の無償化、公会計化等の数値データは、教育行財政研究所の武波謙三研究員が中心となって行っている自治体広報、条例規則等への継続的な調査結果に基づいている。文部科学省は継続的な調査さえ実施していない。

公立学校は、地域の子どもたちが出自・貧富・性別にとらわれずに、衣食住に満たされて尊厳ある人生を生きていくための普段使いの知恵、それを集団的に学び取るための公的機関である。明治以来、学校は地域（コミュニティ）共同の事業で成り立ってきた。

安全と安心を担保した学校給食の全体的な「舞台設定」の課題について、ここで7項目に分類して触れておこう。

一つに「温かいものは温かいうちに、冷たいものは冷たいうちに」がおいしい食事の基本である。そのためには長期にわたって応答可能な地方公務員が身近で調理する、その顔が見える距離が望ましい。自校給食では、調理風景が見えるようにガラス窓を廊下に面して配置することも可能である。給食の実施形態はこの視点からすると、自校給食＞親子給食（隣接する小中学校のどちらかが調理する形態）＞センター給食＞デリバリー給食、である。

二つに食中毒対策の課題である。埼玉県八潮市の民営給食センターでは2021年に市内児童生徒の半数にあたる3000人規模の集団食中毒が発生した。自校給食に転換して大規模被害の回避という視点が必要である。たとえば、さいたま市では合併にあたって自校給食への転換を原則とした。

三つにアレルギー食、宗教食（ハラルなど）対応の視点である。すでにアレルギー食については学校栄養職員・栄養教諭・学校給食調理員をはじめ学級担任が大変な緊張感をもって実施している。入学時での家庭への事前調査をはじめ、体調管理など密な連絡体制をとっている。給食指導にあたっては食物アレルギーをもつ児童生徒への除去食指導だけではなく、それに伴う心理的な圧迫感を抱かずにともに給食時間を楽しめるような工夫を要する。そのためには担任一人だけではなく複数指導が望まれている。また、多様な出自の尊重として、外国にルーツをもつ児童生徒に対して、生活の根幹である宗教・生活習慣による食生活への尊重が迫られている。

四つに安全な学校給食のために、食中毒対策だけではなく、有機食材の積極的な利用が大切である。地産地消の品質と量の確保のための契約農家による安定供給も始まっている。たとえば千葉県いすみ市では有機食材の利用と学校給食費の無償化とが始まった。農林水産省は「みどりの食料システム戦略」を打ち出し、それを広げる環のなかに学校給食を位置づけている。このことについては後ほど改めて言及する。

五つに食育指導という観点。義務教育で学ぶものは地域で生きるための普段使いの学びであり、その象徴とでも言えるのが学校給食である。日本では教育課程の一つとして「食育」がある。「教える」の言葉の由来が、「ヲシアヘ（食饗）」とする注目すべき視点を森山茂樹・中江和恵は述べている。[9] 親子や異年齢などと会食する際に、協働労働・生活について教えること、学ぶことがヲシアヘと理解している。そのためにはおいしい給食を味わうための給食時間の確保、そして複数指導の制度化が必要である。現状では担任は自らも食事をとりながら、児童生徒の指導も行うという過酷な日常が続いている。

六つに貧富の格差に影響されることなく、良質の給食をとることが大切である。「食べ物の恨みは一生」である。政府は、子どもの貧困に関する初の全国調査の結果を公表している（２０２１年12月24日）。新型コロナウイルス感染症の拡大による収入の変化については、「減った」と回答した割合は、収入が低い家庭ほど高かった。ひとり親家庭の３割では食料が買えない経験があったと回答した。現在の暮らしについて、「大変苦しい」「苦しい」と答えた保護者は全体の25％であったが、ひとり親家庭では52％となっている。学校給食が生命維持の重要なエネルギー源の一つと考えられる。

子育て世代にとって、学校給食費を最大項目とする学校徴収金という税外負担は大きい。文部科学省の調査によれば、公立学校の保護者が２０１８年度中に学校教育費と学校給食費を合わせて学校徴収金として年間で負担した額は、小学生が10万６８３０円（うち給食費４万３７２８円）、中学生は13万８９６１円（うち給食費４万２９４５円）にもなる。[10]

保護者が学校給食費を払えないために児童生徒が給食をともにできない事態を回避する方策として、就学援助制度があり、生活保護家庭だけではなく、地方自治体の裁量によって認定基準を定めることができる準要保護家庭にも学校給食費等が給付できる。学校給食費の課題を考える場合には、就学援助制度の運用を除外して考えることはできない。

２０２０年度の就学援助率を見ると、全国平均で15％弱である。長崎県は18・09％と全国平均より子どもの貧困が深刻である。目立つのは要保護児童生徒の割合が１・31％と全国平均１・06％よりきわめて高いことである。要保護児童生徒の割合が最も高いのは北海道2・43%。長崎県は7位にある。準要保護認定基準は各自治体が設定できることを活用して適用拡大すべきである。[11]

戦後間もなくの頃、長崎県香焼町（現長崎市）では就学援助認定の拡大解釈を行い、実質義務教育の無償化を行っていた。東京都世田谷区では同様の発想に立ち、学校給食費に関して準要保護の認定基準の大幅な弾力化を行ってきた。ちなみに本質的には就学援助制度は、税外負担が一般化していることへの緩和策でしかない。無償の義務教育が常態の欧米にあっては、個人負担がないために就学援助にあたる制度は存在しない。ただし、教育課程外で実施している学校給食への無償化措置、補助制度がある国は存在する。

七つに少子化・過疎化が厳しい地方自治体が持続可能なコミュニティであるためには、次世代への財政投資を重視するしかない。過疎化（長崎県地方自治研究センターのブックレット3「平成の大合併とこれからのまちづくり」2021年6月を参照。総務省によれば、長崎県の過疎関係自治体は15）に伴う学校統廃合の課題は重要である。学校統廃合を優先した場合、子どもの足で通える地域に公立学校がなくなり、それは地方自治体の消滅を加速させる政策ではないだろうか。学校給食・費の改善は、食から始まる地域の持続可能性への導きの糸となろう。秋田県羽後町では町費で町内にある全日制県立高校に対して生徒数減少対策として町内産の食材を中心とした学校給食を提供している。

（2）私的負担のどんぶり勘定で済ませた時代は終わる

これまで学校給食費のもととなる学校給食のあり方と現状の課題について概観してきた。ここでは学校給食費の課題を二つに分けて検討する。一つに「学校徴収金」と称せられる税外負担の徴収の現状と改善の進展具合について、である。二つに学校給食費の無償についてのより詳しい現状とその改善について、である。さらに、発展的な課題として学校給食以外の教材教具、修学旅行などの経費と無償化の課題について検討を加える。

①学校給食費を公会計化する

学校給食費等の収入支出に関する学校の常識を改める機運が高まっている。公会計化は半数に達している。都道府県でカウントすると5割を超える府県が19に及ぶ。そのなかできわめて低いのは宮崎県の3・8％である。長崎県で見ると8自治体、大村市、対馬市、平戸市、長崎市、松浦市、雲仙市、佐世保市、東彼杵町と38・1％の改善である。２０２３年度新規実施は長崎県長与町、諫早市をはじめ全国41自治体で予定し、トータルで９００自治体以上になる勢いである。政令指定都市という大規模都市を見てみると、２０２２年に9政令市が実施済、２０２５年までに実施予定が6政令市もあり、その時点で15／20で75％の割合となる。

公会計化とは何か。公立学校は地方自治体の公的機関であり、地方自治法第２１０条（総計予算主義）に基づく財務処理が行われることが、すべての前提である。ところが学校給食費が保護者負担の場合に、子どもが集金袋をもって学校に提出する方法（学校側の窓口が担任であるか、学校事務職員等であるのかの相違はある。ＰＴＡ役員が回収して回る地域も九州にはある）、学校長名義の金融機関口座（銀行や郵便局、農協など）に保護者口座から振り込む方法、あるいはコンビニ等から振り込む方法など多様である。

しかも、学校長名の金融機関口座と聞いて、それを公的な口座と誤解する教員、保護者も結構いる。しかしその口座は校長の私的口座であるにすぎない。私的に集められた徴収金は私費として非合法的に処理され、そのまま保管して給食の食材等の私的な支払いへと回る。保管するのが校長室等の金庫であろうと農協などの金融機関であろうと、地方自治法第235条の4にあるように公的機関では、法律・政令で定められたもの以外の現金等を保管することはできないという趣旨に反している。監査があるとしても身内のPTA役員によるものである。学校一校規模の小さな「どんぶり勘定」では、一人二人の未納であっても、食材の質量に影響する。そのため取り立ても厳しいことになる。

それはまた、地方自治体職員である教員、栄養教諭、学校栄養職員、事務職員等が行う私的給食会計は、地方自治体の財務規則に則り執行し、それを議会がチェックする財政民主主義の枠組みの外にあることである。そのため不正・不適切経理が断続的に発生してきた。2022年8月には京都府長岡京市の担任教員が児童3人の学校給食費などを横領し懲戒免職になっている。また公務員にとって職務専念義務違反にもあたる。

いち早く、群馬県教育委員会は、2007年3月30日に、「学校給食費の公会計処理への移行について（通知）」を各市町村長、各市町村教育委員会教育長に通知した。通知文には「学校給食費については、地方自治法（昭和22年法律第67号）第210条に規定された総計予算主義の原則に則り、公会計により適切に処理されますようにお願いいたします。ついては、学校給食費を私会計で処理されている市町村におかれましては、平成20年度を目途に、公会計による処理に移行されますように重ねてお願いいたします」と期限を限った移行を迫ったのであった。この結果、学校給食費の公会計の実施は全国一（１００％）であるばかりでなく、無償、一部無償化についてもずば抜けた実施率（82・9％）を誇っている。

２０１７年、自治労・学校事務協議会からの要請を受けて参議院総務委員会で杉尾秀哉参議院議員は公会計化に向けて総務省、文部科学省に迫った。いずれの省庁も改善に向けた回答を行った。文部科学省は、地方自治体が先行して実施してきたことを後づけして、通知「学校給食費等の徴収に関する公会計化等の推進について」（２０１９年7月29日）を出した。[12]この通知により１９５７年当時の文部省の行政実例（「歳入処理しなくてもよい」「出納員でない校長が取り集め、これを管理するのはさしつかえない」）を参酌した慣行は60年ぶりに公式に改められた。通知は、１ガイドラインの作成、２自治体の業務、３学校給食費以外の徴収についても徴収・管理は地方自治体の業務とすることを明らかにした画期的な内容である。文部科学省作成のガイドラインは、児童手当からの天引きも明記するなど導入に向けた85頁に及ぶ丁寧な内容である。

文部科学省は２０２２年、学校給食費に係る公会計化等について自治体が公会計化制度を導入し徴収・管理を自らの業務としている自治体が31・３％、準備・検討が30・９％、実施を予定していないが37・８％。公会計化制度のみを導入している教育委員会を46・４％、という状況を明らかにしている。[13]公会計化するつもりがないことは、不正の温床である「どんぶり勘定」に居直っているということになる。まず、早急に公会計化に着手し、透明な会計制度のなかで学校給食・給食費のあり方を住民とともに改善協議することが、地域に開かれた学校として第一に行うことであろう。

東京都町田市は2023年度に学校給食費だけでなく補助教材費等（修学旅行費は含まれず）の公会計化を実施する。2022年度予算書を見ると「2023年4月から、小・中学校の教材費等学校徴収金を市の予算に計上して徴収・管理する『公会計』に移行し、学校や教員の負担軽減を進めるとともに、事務処理の効率化及び保護者の利便性向上を図ります」と記されている。保護者への通知、集金、未納督促は市教委が行い、市教委は各校へ予算を配当し、教材購入計画に基づいた教材等の支払いを学校で行う。この町田方式の拡大のネックは学校給食費以外についてはそもそも法律で保護者負担が認められていない点にある。したがって、公会計化できるか疑義が生じかねないことである。保護者負担を廃止することが憲法の趣旨に合った解決方法である。

②無償の学校給食の充実

教育行財政研究所調査では学校給食費の無償化・一部無償化は、全国的に拡大し、2022年12月現在、無償257自治体、一部無償は393自治体、合計650自治体、37・3%。割合の最も高い群馬県（82・9%）から最も低い広島県（4・3%）まで県ごとのばらつきは大きい。2023年度からの無償化を行う葛飾区の動きは、東京都区部を中心に「葛飾ショック」を起こし、中央区、品川区。北区、足立区など急速に無償化機運が広がっている。

新たに県段階の無償化に向けた動きが始まった。千葉県は市町村立の公立小中学校に第3子以降の学校給食費について、4万5400人分の無償化事業を2023年1月から3月まで実施する。政令市には4分の1、それ以外の市町村には2分の1負担、として2022年9月定例県議会に提案した。これに促されて千葉県内自治体は年度内限定ではなく無償（いすみ市）・一部無償（船橋市、茂原市など）の制度化が拡大した。他の都道府県にも広がることを期待したい。

21の地方自治体がある長崎県では、学校給食を無償にした地方自治体は、福岡県とともに0である。一部無償が7自治体（松浦市、小値賀町、西海市、川棚町、南島原市、波佐見町、佐々町）である。合計で33・3％と、九州・沖縄では大分県、福岡県、宮崎県に次いで低い。近隣の佐賀県では無償6自治体、一部無償4自治体、合わせて50％の地方自治体。熊本県でも無償3自治体、一部無償15自治体、合わせて40・0％の地方自治体。鹿児島県では無償9自治体、一部無償13自治体、合わせて51・2％の地方自治体。さらに沖縄県では無償13自治体、一部無償13自治体、合わせて63・4％の地方自治体で実施している。

長崎県は海に面して豊かな自然環境のなかで滋味あふれる食材にも恵まれている。透明性のある会計制度、地元の有機食材利用の無償の学校給食が望まれる。

これまでの地方の自発的な努力を力にして、政府に全国的な財政措置を伴った制度改正を求める段階に来ている。その財政規模は約5000億円である（2016年10月13日、参議院予算委員会において松野文科大臣は公立小中学校で年間4446億円と回答している）。だが少子化対策の自治体間の競争に終始しては、財政力の乏しい自治体は不利である。財政力の乏しい自治体も含めて無償化を実現するには国からの財政補助が必須である。地方自治体の独自の努力で40％近い学校給食の無償化・一部無償が拡大し普遍化した現在、中央段階でも議論が深まってきている。立憲民主党は無償化を掲げている。立憲民主党「子ども・若者応援本部」と内閣部門等の合同会議を2022年11月に開き、学校給食の無償化を含む議員立法「若者・子育て世代緊急支援法案」の維新の会との共同提出を行った。自民党は2022年11月にプロジェクトチームを立ち上げ、義務教育は無償という原点に立ち返り2024年度以降の予算確保につなげる議論を始めている。

③公教育の無償化は「生き金」である

公教育、少なくとも義務教育では、憲法に書かれているだけの理念としての無償ではなく、実質的な無償が、地域が持続可能であるためにも必須である。そのためには、小学校では学校徴収金の半額を占める学校給食費だけではなく、それ以外の授業に使用する補助教材や修学旅行にかかる経費も、義務教育の無償の視点から見れば、保護者から徴収すべきものではない。

人口減少に対する政策として義務教育の完全無償化策が注目されている。これまで山梨県早川町[14]他、福島県金山町、富岡町、飯館村、下郷町、東京都利島村、御蔵島村、山梨県丹波山村、長野県大鹿村、京都府伊根町、奈良県黒滝村など2022年段階で11自治体である。さらに、岡山県備前市「令和4年度備前市当初予算の概要」によれば、学校給食の無償化経費9100万円ばかりではなく、授業で使用するドリル、画用紙などの学用品無償化3100万円も計上している。背景としては備前市では小中学校の児童生徒数が2006年に比して2021年には6割にまで減少していることがある。無償化は、少子化が進む全国の地方自治体に特効薬として期待されている。

また学校で使用する補助教材の無償化など各種補助は、長崎県小値賀町がドリルなどの補助教材、英検などの検定料の無料化だけではなく部活動における島外遠征費用の一部補助も行っている。

２０２２年12月には補助教材の無償化は（完全無償自治体を含めて）27自治体、一部無償・予算内執行は19自治体である。山梨県は15％近くの自治体で実施している。また、制服・ジャージのジェンダーフリーや生徒参加の選択制導入だけではなく、自治体統一による廉価や補助、そしてランドセル等に関しては自治体負担が茨城県を中心に広がりを見せている。

修学旅行費の全額無償は27自治体、一部無償・予算内無償は88自治体である。都道府県内の自治体割合の30％を超えるのは京都府、東京都、島根県がある。「生き金」を知っていると言えよう。なお、私会計で実施している修学旅行には不正・不適切経理が目立つ。２０１２年には大阪府泉大津市の管理職が特定の旅行会社へ便宜を図る見返りとしてハワイ旅行の便宜供与を受けている。修学旅行に限らず補助教材費、学校給食費の徴収金が、支出にあたっても特定業者への偏りをうかがわせることもある。

3　有機食材による完全無償の学校給食時代

学校給食は教育と食という人間の安全保障が重なる重要な領域である。40％弱の学校給食費の無償・一部補助自治体を１００％にする取り組みが待たれている。

学校給食・給食費をめぐる徴収金の公会計化、そして無償化の現状と課題を中心に調査分析を行ってきた。長崎県は一部の地方自治体を除いて教育・学校財政は先進的ではない。しかし、他県、他自治体も21世紀になって重点的な改善をしてきただけであり、その遅れを取り戻すことは、その意図さえあれば容易なことである。ただ、学校統廃合という自治体合理化策を余儀なくされてきたために、地方自治体の空洞化が深まり、時間的な余裕がないのもまた事実である。

子どもの食の環境づくりは、まず、学校給食費の公会計化であり、そのための一方策として、県教育委員会が群馬県教育委員会同様に公会計化を迫る通知を市町村長、市町村教育委員会教育長あてに出すことである。そして、学校給食費以外も町田市のように公会計化を拡大していくことである。

文部科学省通知「学校給食費等の徴収に関する公会計化等の推進について」及びマニュアルを参考にし、学校給食、学校給食費の先進事例を視察し、担当する首長部局財政担当課、教育委員会事務局をはじめ校長、事務職員、学校栄養職員・栄養教諭、保護者代表などで構成するプロジェクトチームを立ち上げ、実施に向けた課題の整理と実施計画を作成する。条例、予算案を議会に諮って、その実現を図る。学校徴収金の透明性を確保するとともに、ほぼ同時に学校給食費の無償・一部無償も始めることである。

地方自治体の持続可能な未来は、子どもたちの育ちにかかっている。公教育の無償化は「生き金」である。しかし、自治体財政は脆弱である。積み重ねた地方の実績を背景に、国は学校給食への考え方を変更し、食の安全保障の視点からも財政的な安定を図るための特段の措置が必要である。ようやく国政レベルで無償の学校給食の財源問題が焦点化される段階まで来ている。

学校給食は教育課程の一環として実施されている。そこでは安全安心の学校給食を全国すべての学校で提供することが要請されている。

次のステップの一つは安全な学校給食のために、地産地消の有機食材のための契約農家による安定供給である。山田正彦元農林水産大臣の長年にわたる食の安全確保の取り組みに触発されて各地に有機無農薬が拡がり、学校給食への提供も試みられるようになっている。たとえば千葉県いすみ市では有機食材の利用と給食費の無償とが進められている。米作は八十八の手間がかかると言われるが、一粒の種もみから2000~3000粒も実らせる「一粒万倍」の驚異的な植物である。大陸から約3000年前、日本列島に稲作が渡来して以来、その品種改良と肥料のあり方、農作業の改善は営々と続いている。そこに有機農法の拡大が加わろうとしている。

『北國新聞』は富山県の「南砺市や県、市内3JAなどで構成する市地場産食材活用推進協議会は、農薬や化学肥料を使わない自然栽培米を、市内全小中学校の給食で提供する取組に乗り出した。25日は小中3校が対象となり、このうち福野小では田中幹夫市長と生産者が児童と一緒に舌鼓を打った」と報じている(2019年10月26日)。

『中日新聞』は「有機給食の普及『一石四鳥』の効果あり」として、愛知県東郷町やあま市、長野県松川町など少なくとも60近い地方自治体が地元産物を中心に有機食材を積極的に取り入れるか、準備を進めている、と報じ、有機給食を食べる子どもたち、大口需要を確保する農家、日本の自給率アップ、地産地消による運搬の際に出る二酸化炭素の削減の効果を論じている(2021年12月25日)。

各地で拡大のための取り組みと試行錯誤が続く。有機米100%の学校給食を達成しているいすみ市以外でも石川県羽咋市や松川町などで取り組まれている。

有機食材によって保護者負担が増えるのでは拡大は困難である。島根県吉賀町は学校給食に地元産の有機食材を使用し、しかも無償給食を実施している。大阪府泉大津市は２０２２年度から、小中学校等約７０００人の児童生徒の給食に有機栽培の食材を導入するために約４１００万円の事業費を計上した。ただし、安定的な調達は市内で確保するのが難しいために府外から調達している。

愛媛県今治市などでは有機給食の条例を定めている。条例は有意義であるが、その継続性を保障するためには、安定的な食材の確保と財政的な制度の確立が必要である。

「有機農業と地域振興を考える自治体ネットワーク」もつくられ、参加団体等は46市町村、サポート会員として17県が参加している（２０２２年4月25日時点）。

農林水産省は「みどりの食料システム戦略」を策定し（２０２１年5月12日）、それを広げる環のなかに学校給食を位置づけている。食の安全保障の観点から、有機食材を軸とした地方自治体・学校主体的な取り組みを促進する。「環境と調和のとれた食料システムの確立のための環境負荷低減事業活動の促進等に関する法律」は２０２２年5月2日に公布された。加速するためにも文部科学省と農林水産省の連携強化が求められる。学校給食を食の安全保障の一環とするためには、次世代に有機食材を含めた最良の食を提供するとの意気込みが必要であろう。

学校給食は大口の需要者であり、計画的な食材の受注が見込まれる。それによって価格を抑えられる。私費会計という「どんぶり勘定」の学校給食費会計によってこのことが阻害されてきた。学校給食の安定的で安価な食材確保には、これまで述べてきたように学校給食費の公会計化と無償化を合わせた政策を実行する必要がある。保護者負担を原則とする学校給食法を改正し、国・自治体の公費による無償の学校給食制度を実現すべきである。

保護者の財布を心配することなく、子どもたちがより安全な食材を使った食事を楽しめることは一生の宝物である。そして学校給食での満足感がやがて家庭の食卓にも広がっていくことを期待したい。ヒューマン・セキュリティとしての人間の安全保障、特に子どもたちのための柱の一つに学校給食があるという共通理解を深めることが大切である。

もう一つのステップは、昼食時の学校給食を朝・夕食にも拡大することである。現在各地に「子ども食堂」と概括されるボランティア食堂が生まれている。しかし地域の学校施設を用いたケースは少ない。東海テレビによれば、名古屋市立陽明小学校がＰＴＡ等によって「コミュニティ食堂」を２０２２年から始めている（２０２２年9月18日）。中学生以下無料の月１回のサービスである。任意で朝・夕食の学校での恒常的な食事提供を実施する意義は大きい。

安全安心の学校給食から始まる地域主体の義務教育の無償化への歴史的な転換点に私たちは立っている。

＊初出　「2　無償の学校給食で安全保障の実態化」は、長崎県地方自治研究センターの機関誌『ながさき自治研』84号に載せたものである。数値は最新のものとし、安全保障の観点に沿って書き改めた。掲載を承諾していただいている。

【注】

1　公益認定された県給食会の定款に定められた各都道府県学校給食会の「事業」は学校給食用物資の安定供給及び安全確保に関する事業、学校給食における食育に関する事業、学校給食の普及充実及び衛生管理に関する事業、その他、である。
2 森浩一（2004）『山野河海の列島史』朝日新聞出版。
3 原田信男（2006）『コメを選んだ日本の歴史』文藝春秋。
4 藤原辰史（2018）『給食の歴史』岩波書店。
5 中村政則他編（2005）『占領と改革（戦後日本 占領と戦後改革2）』岩波書店。
6 篠原孝（1985）『農的小日本主義の勧め』柏書房。
7 文部科学省（2021年12月）「就学援助実施状況等調査結果（「令和2年度要保護及び準要保護児童生徒数」及び「令和3年度就学援助実施状況」）」。
中村文夫（2013）『学校財政――公立学校を中心とする公私費負担の境界と21世紀の革新』学事出版。同（2020）『学校事務クロニクル――事務職員の過去・現在・未来』学事出版。同（2021）『アフター・コロナの学校の条件』岩波書店。
8 教育行財政研究所（2020）「コロナ禍対策に伴う保護者負担軽減調査」『学校事務』9月号、学事出版。
9 森山茂樹・中江和恵（2002）『日本子ども史』平凡社。
10 文部科学省（2019年12月18日）「平成30年度 子供の学習費調査」。
11 中村文夫（2017）『子どもの貧困と教育の無償化――学校現場の実態と財源問題』明石書店。特に「2－6就学援助制度」で明らかにした「客観的な基準（生活保護基準に一定の計数をかけた場合）を1・3倍以上に」することは、新資料による。
12 文部科学省通知（2019年7月29日）「学校給食費等の徴収に関する公会計化等の推進について」。
13 文部科学省（2022年12月23日）「令和4年度 教育委員会における学校の働き方改革のための取組状況調査結果」。
14 中村文夫（2021）『アフター・コロナの学校の条件』岩波書店。特に第5章「完全無償の公教育」。

第5章

デジタル教育という危機

中村 文夫

1 学校が止まった

(1) 疫病対策と無学校地帯

新型コロナウイルスの感染拡大(コロナ禍)は、日本の学校教育の転機となった。学校教育は画一的な教育、いじめ、不登校、教員の多忙化、あるいは学校統廃合などの諸課題を抱えてきた。このような問題を一挙に解決すると期待されているのが、デジタル教育である[1]。はたしてそれは正しい解決策なのだろうか。

コロナ禍は、これまでコレラ、天然痘などの疫病の都市部での大規模流行が繰り返された日本の歴史を新たに塗り替えた。この危機を介して直接的な対人業務を通して日常生活に必要不可欠な仕事を担う労働者であるエッセンシャルワーカーと情報ネットワークの端末にぶら下がる人々との社会的分化がなし崩し的に進められた。グローバルに展開する情報化に法や制度が追いつかず無法地帯ともみえる。自己責任による危機対応では、人間の安全保障は効いているとは言えない。そのなかで加速するデジタル教育は子どもたちをサイバー空間に投げ出し、大きな危機に直面させている。そこでは教育の公共性は軽視され、個人の責任に帰すという考え方も内包されている。

子どもたちの学びでは、都市部での疫病対策と中山間部の過疎化対策である学校統廃合による「無学校地帯」の広がりの両面から遠隔オンライン教育が広がった。この遠隔オンライン教育はすでに通信制高校として、公立より私立（含企業立）により先行実施されていた。

家庭でのテレワークはもちろん、遠隔オンライン教育でも、Zoom や Teams などで映し出された家庭のプライベート空間は特定される可能性もあり、「私」時間も公の時間との境目が溶解しがちである。気がつけば24時間の「探求心」のある協働学習による、資質・能力の向上が求められている。だが、時代の方向性に枠組みされた資質・能力は人間のほんの一部分にしかすぎない。同時代性のなかにある資質・能力の相違などゴマ粒より小さい。他に大切なことがある。

リアルな社会のなかで自分が尊重されて育っているという経験が最も大切なことである。人間の尊厳という共同意識を高めなければ、抜け駆け的な醜悪さに染まった人間の育成になりはてるだけだ。互いの相違を尊重して調整ができる社会でなければリスクの多い、そして関係性の希薄な社会になる。そこでは、国家レベルでも個人レベルでも安全保障が機能しない。情報監視によって社会を維持する方策に向かってしまう。その先にハイブリッドな戦争が待っている。

人間の安全保障（ヒューマン・セキュリティ）から見ると、数値化された情報による監視を活用した社会統治に向かうことは避けるべきだ。急拡大しているデジタル教育の現状からこのことを考えてみたい。デジタル教育の進行する学校現場はこの実験場と化しているとみえる。

（2）GIGAスクールは令和の時代のスタンダード

２０１９年12月に文部科学省が発表した「ＧＩＧＡスクール構想」は、「令和の時代のスタンダードな学校」を目指すとされている。ＧＩＧＡとは「Global and Innovation Gateway for All」の略称であり、児童生徒一人一台端末と、高速大容量の通信ネットワークの整備によって、「公正に個別最適化された」教育を実現するものだという。「ＧＩＧＡスクール構想対策推進本部」へ、当時の萩生田文科大臣から以下のようなメッセージが送られている。

「Society 5.0 時代に生きる子供たちにとって、ＰＣ端末は鉛筆やノートと並ぶマストアイテムです。いまや、仕事でも家庭でも、社会のあらゆる場所でＩＣＴの活用が日常のものとなっています。社会を生き抜く力を育み、子供たちの可能性を広げる場所である学校が、時代に取り残され、世界からも遅れたままではいられません。一人一台端末環境は、もはや令和の時代における学校の『スタンダード』であり、特別なことではありません。これまでの我が国の１５０年に及ぶ教育実践の蓄積の上に、最先端のＩＣＴ教育を取り入れ、これまでの実践とＩＣＴとのベストミックスを図っていくこと

により、これからの学校教育は劇的に変わります」（2019年12月19日）

コロナ禍に際し、中国は学校の閉鎖を行い、遠隔オンライン教育による代替措置をした。中国通信社CNS（2020年2月10日）によれば中国教育部は約2億7000万人の児童生徒に対して、2020年春季の授業開始を遅らせると発表、遠隔オンライン教育により「授業は中止、勉強は中止せず」とした。[2] この教育のデジタル化による安全保障（学校のロックダウン）の考え方に影響されたのだろうか、日本でも安倍晋三首相は抜き打ち的に全国一斉学校休業を要請し、公立学校の99%がそれに応じた。代替措置として、デジタル教育に特化した教育政策と財政措置を実施した。しかし会計検査院の抽出調査によれば、家庭学習支援用の Wi-Fi ルータの6割超（補助金相当額10億2741万円）が、購入から1年を経過しても全く家庭に貸与されず、また、43・8%で使用率が10%未満にとどまっていた。[3] そのうえ、濡れ手に粟のような突然の財政措置は、機器導入に際しての談合などの不正を各地で起こした。[4] こうしてずさんなデジタル教育がコロナ禍を契機として一気に導入され、学校教育は劇的に変えられた。2020年度補正予算で断行されたGIGAスクール構想により教育用コンピュータは公立学校においては全国平均1・4人／台が配布された（文部科学省調査2021年3月1日）。しかしそれは単なる始まりでしかなかった。当初、ワクチンがない中で、コロナ禍から子どもたちを守るという防疫を最優先した緊急避難的な政策であった。デジタル教育をベースとするコロナ禍対策をした。その結果、ウサギ小屋、ウナギの寝床と酷評された都市の狭小住宅で、リモートワークをする大人たちと遠隔オンライン教育を受ける子どもたちが狭い空間で顔を突き合わせ、パソコンに向かうという今まで考えられなかった光景を見ることになった。それも通信環境の整った家庭の優位さは解消さないままに2020年から今に至るまで断続的に続いてきた。

文部科学省のこれらの施策が最良の選択であったのかは、現在でも解明されていない。疫病の感染拡大において子どもの命と学びの安全保障として何が適切であったのかを検証する必要がある。それは災害便乗型施策として導入されたデジタル教育の実態への評価が軸にならねばならない。

(3) 前近代に戻るのか

「これまでの我が国の150年に及ぶ教育実践の蓄積の上に、最先端のICT教育を取り入れ、これまでの実践とICTとのベストミックスを図っていくことにより、これからの学校教育は劇的に変わります」は、通り一遍の言葉ではない。「社会を生き抜く力」とは、出し抜いて生き残る力と言い換えてもよい。それでよいのだろうか。そんな人ばかりの社会は危なくて仕方がない。

前近代の学習形態では当然であった個別指導から、近代学校教育はリアリズムを基調とする一斉教授に転換したのであった。それが現在、個別最適な学習形態へ再転換が目指されていると考えることができる。主導している経済産業省、文部科学省らは、150年の教育実践の手法の転換も含めて、その衝撃の深さを理解しているのだろうか。

2 デジタル教育とマイナンバーカード

（1）デジタル教育の三要素

デジタル教育は三つの要素で構成されていると考えている。一つは児童生徒の学習・生活情報である。二つにデジタル教科書に示される教材教具のオンライン提供である。三つに学習者と教育課程を個別最適にマッチングさせることである。デジタル教科書等の教材の配信、児童生徒の学習履歴や生徒生活情報・健康診断等の保健情報を管理し、随時引き出しながら個別最適な学習が行われる。それらのデータはマイナンバーカード（マイナンバーカードを申請・取得していなくても、住民票をもつ日本国内の全住民には12桁の番号が付番される制度の中にすでにいる）に紐づける計画である。

一つ目の児童生徒の学習・生活情報の集積は、教員の働き方改革の政策の名目で実施されてきた「統合型校務支援システム」から始まる。統合型校務支援システムについては『公教育計画研究』13号で経緯を詳しく述べた。[5] 情報集積は児童生徒情報を関連づけて管理するという要素がある。それだけではなく、教職員組織のあり方、学校運営のあり方をも変えるものである。学校運営は戦後、職員会議を最高意思決定機関として教員層の自主的な運営を目指したものが（それはそれで問題もあった）、校長を頂点とする管理運営機関に転換されてきた。それは近代的な学校経営論として主張され、同僚性を信頼して心底納得して児童生徒の教育にあたるという教職員の作風を無力化させてしまった。自主性を奪われた教職員はことなかれ主義に陥った。

さらにそれは自主的であることを建前としてきたPTAにほぼ限定されてきた地域の大人との関係（これまでも地域後援会がある地区も散見はできる）を学校運営協議会・地域学校協働本部（学校支援地域本部）などの官製組織によってつくり直す試みにもつながるものである。統治する側にとって自主的・集団的営為は不都合なのであろうか。

（2）児童生徒そして教職員の個人情報の集積

2011年4月28日、文部科学省「教育のビジョン〜21世紀にふさわしい学びと学校の創造を目指して〜」の第五章「校務の情報化の在り方」において、すでに「文部科学省の先導的教育情報化推進プログラムの一環として熊本県教育委員会が開発した校務支援システム、あるいは国立情報学研究所が開発した次世代情報共有基盤システム（Net Commons）、その他市販のソフトなどがある」と記されていた。

これを踏まえて文部科学省版教育のビジョンが構想した「校務支援システムの機能の例」として5項目、すなわち校務文書（通知表、指導要録、学籍、成績、保健、図書等の情報）、教職員間の情報共有（校内、教育委員会での指導計画や指導案等の共有）、家庭や地域への情報発信（学校ウェブサイト）、服務（休暇、出張等の教職員の服務について、電子申請と電子決済を行うことができる）、施設管理（施設や備品の予約等をシステム上で行うことができる）を挙げた。

文部科学省が作成した「統合型校務支援システムの導入のための手引き」（2018年8月30日、以下「手引き」）を参考にしてまとめると以下のように定義できる。統合型校務支援システムとは、「教務系（成績処理、出欠管理、時数管理等）・保健系（健康診断票、保健室来室管理等）、学籍系（指導要録等）、学校事務系などを統合した機能を有しているシステム」を指し、成績処理等だけでなく、グループウェアの活用による情報共有も含め、広く「校務」と呼ばれる業務全般を実施するために必要となる機能を実装したシステム、である。

児童生徒は学習状況だけではなく健康診断の保健情報など時系列をおって刻々と集積される。それが効率的な個別最適な学習のための必須の前提とされる。さらに２０２４年秋頃に現行のカード型健康保険証が廃止されマイナンバーカードに吸収されることが政府によって示された（河野太郎デジタル相、２０２２年10月13日記者会見）。こうして生涯にわたる心身の特徴や病歴、予防ワクチンの接種状況の国家による管理の可能性が見えてきた。国民の経年的な情報が蓄積される必要さはどこにあるのか。その意図を教育の情報化でうかがい知れるだろう。

児童生徒関連の効果として期待されているのは、学習指導の質の向上、生活指導の質に関する向上を挙げ、これらの情報を電子化し、権限設定した範囲（たとえば、管理職、教務主任、担任等の職に応じて閲覧できる情報の範囲を限定する）での情報の共有、活用が可能となる。

学習指導の質の向上のために、児童生徒の成績データの入力、解析、個々人の指導という枠組みをつくる。生徒指導の質の向上のためにでは、児童生徒の出欠等をデータとして入力、解析、個々人への指導が挙げられた。それに教職員情報も加わる。

手引きに示された職員に関連する効果は、コミュニケーションの向上、業務の質の向上（品質、スピード、平準化）、教員の異動への対応、セキュリティの向上を挙げている。業務の質の向上として、学校へのアンケートから効果の具体例として示されているのは、「同一方法で作業を進めることで、作業の確実性が高まった」「成績の転記作業は出欠席時数のカウントが不必要になったため、転記ミスや作業時間が減少した」「朝の全体打ち合わせの時間が短縮され、教員個々の教材準備の時間を確保することができるようになった」などである。児童生徒情報をデジタル化する作業やデジタル教育の準備など新たな業務が加わり、かえって多忙化を一段と強めた。教員の疲弊にはデジタル化業務拡大があるとも報じられている。[6] それだけではない。

電子化された情報は、権限設定した範囲の教職員しか閲覧できないのである。階層化された限定情報の範囲でのコミュニケーションである。そこに生じる同僚性は上位下達のピラミッド構造を前提としている。

外部（保護者等）に関する効果として、通知表等への記載内容の充実として日常を書き止め、引き継ぐことが容易になり、「通知表等で保護者に向けて記載する所見の情報が充実し、保護者にも喜んでいただけます」としている。「外部対応の充実としてメールや連絡網を利用した情報発信により、保護者からの問い合わせが減る。保護者とのコミュニケーション、対応の情報を記録し教員間で情報を共有しやすく」なったと、アンケートからの具体的効果が示されている。保護者との連絡帳、ペーパーによるお知らせに代わり、携帯メールへの一斉送信などによる簡便化が地教委、学校ごとで始まっている。

また、学校現場の電子情報の安全管理と情報セキュリティの脆弱性も危惧される。先進県である佐賀県立学校の校内サーバーにアクセスした17歳の少年が21万件の生徒情報をハッキングし不正アクセス禁止法違反容疑で、２０１６年６月に警視庁に逮捕されている。[7]

千葉県南房総市教育委員会は２０２２年７月17日、小中学校で使用している通信ネットワークが復元と引きかえに金銭を要求するランサムウェア攻撃によりサーバーに保存されている児童や生徒およそ２０００人分の個人情報などのデータが暗号化されて使用できなくなった。そして復旧の見通しが立たず通知表が配れない学校も出たと述べた。デジタル教育はこのようにサイバー攻撃の危険度がきわめて高いのである。

２０２１年８月段階では、文部科学省調査によれば統合型校務支援システムの整備率は都道府県平均72・３％、最高は徳島県96・３％、最低は宮崎県21・７％。共同調達・共同運用でも地域間格差は是正されていない。導入後も機種更新やソフトのバージョンアップが定期的に生じ、財政的な圧迫も恒常化すると推測できる。

都道府県ごとに進められてきた統合型校務支援システム、すなわち児童生徒個人情報の集積の国段階での利活用はベールを脱いだ。２０２１年６月に閣議決定された「デジタル社会の実現に向けた重点計画」において作成されることが決まった「教育データ利活用ロードマップ」は、デジタル教育が次の段階に向かっていることを示した。

２０２２年１月７日に公開された「教育データ利活用ロードマップ」では、２０２５年度までの教育データの利活用のロードマップが示されている。そのロードマップには文部科学省所管で「公教育データ・プラットフォームについて」予算計上していることも記されていた。それを発表した７日の牧島かれんデジタル大臣の記者会見は、国が学習履歴など個人の教育データを一元化する、と受け止められた。

同月11日に国が一元的に情報管理するデータベースを構築することは考えていないとデジタル大臣は弁明することになった。そしてデジタル庁は「教育データ利活用に関するQ&A」で個人の教育情報データを一元管理することは全く考えていない、と改めて強調している。一元化ではなく連携だ、と言い張ったのである。

(3) 教科書などの教材教具のデジタル化

「教育データ利活用ロードマップ」には、統合型校務支援システムとの関連では、統合型という表記は使われていない。単に「校務のデジタル化」として記され、校務系と学習系データ連携が実施されているのは4・2%などという課題を示し、校務系データと学習系データの連携のあり方の整理など2022年度中に検討(GIGAスクール構想のもとでの校務の情報化の在り方に関する専門家会議)し、必要な施策を行うと記されている。統合型校務支援システムは、地方自治体の校務合理化を名目とする段階から次の段階へと、すなわち国レベルでの標準化と都道府県等のデータ連携にバージョンアップする段階にきているのである。それを一元化でないとすれば統合化であろう。

デジタル教育は、三つの要素から成り立つことを再度強調したい。一つ目は学習状況、成績、生活態度などの児童生徒の個人情報の集積。

そして、個人情報の集積は教職員に及ぶ。2022年5月教員免許更新制を廃止する改正法が成立し、2023年度から校長が必要な研修（ICT・データ利活用や特別支援教育など）を奨励し、受講した教員にはリポート作成、定着テスト等により校長が期待する水準に達していない場合は職務命令を発することも検討されている。教員研修履歴の都道府県単位での一元管理も行う。

2022年4月1日の衆議院文科委員会の参考質疑に登壇した佐久間亜紀慶應義塾大学教授も「法案を読むと、いきなり研修記録の義務化が登場する」「なぜ記録が義務付けられなければならないのか、が分からない」と述べている。問題はそれがどのように集積され、どのように活用されるのか、不明なままに進行している点である。

二つ目は学習指導要領に沿った主たる教材である教科書のデジタル化（2024年にデジタル化本格導入）。2022年3月時点ですべての公立小中高校に導入したのはわずか292／1741自治体[8]と偏った導入状況となっている。また、補助教材も含めた学習内容のデジタル化も心配される。「教育データ標準」ではスタディ・ログとして記録された児童生徒の学習内容を学習指導要領とリンクさせるために、学習指導要領をコード化する方針も示されている。方針に基づいて、ICT環境が実現する段階に合わせて、「教育データ標準」（第1版）が2020年10月に公開されている。それによって、コード化された学習指導要領の項目に対応したデジタル教科書、デジタル学習ソフトによる学習管理の統合が可能になった。

「学習指導要領コード」とは学習指導要領の告示時期から、学校種、教科等、分類・科目、学年・段階、目標・内容・内容の取り扱い、細目、一部改正をコード化するものである。たとえば小学校学習指導要領理科第6学年 B生命・地球 (3)生物と環境、であれば「826032311000000」となる。このようにコード管理をすることで、何をいつどのように教え、学ぶのかが全国の学校のＩＣＴ学習環境で実施状況も含めて把握が可能になるのである。文部科学省は学習指導要領コードとコンテンツの連携等に取り組むことで、学校現場での活用を推進するとしている（「学校教育情報化推進計画〈案〉」）。

「教育データ標準」は２０２０年11月以降順次整備され、これらを利活用することで学校教員統計調査、学校保健統計調査、地方教育費調査もオンライン化できる。さらに文部科学省が計画している「学校等欠席者・感染症情報システムと統合型校務支援システムの連携事業」により、感染症対策等への早期の探知・対策も可能となるとされている。調査だけではなく対策への活用も始まる。

初等中等教育における教育データの標準化の枠組みは、教育データを、①主体情報、②内容情報、③活動情報に区分する。①主体情報は、国際標準規格がある項目（性別、生年月日等）や地方自治体公共団体データ等を活用し、それ以外の項目も設定する。それらは児童生徒情報（社会経済的背景も含む）だけではなく、教職員情報（免許、勤続年数等）も設定され、統計データだけではなくデータ分析としても活用される。②内容情報は、学習内容の定義に関わる。③活動情報（Ａ生活活動、Ｂ学習活動、Ｃ指導活動）は狭義の学習行動だけではなく関連する行動も含まれる。デジタル教科書、教材と関連づけた利用が容易になる。児童生徒、教職員のコード管理が始まろうとしている。児童生徒、教職員の資質・能力は数値化されたデータの塊に化ける。

データの塊を不断に維持管理するのは労力とお金のかかることばかりである。『読売新聞』（２０２２年４月17日）は「文科省が推進計画、デジタル教科書へ全面移行、公立小中の86％が懸念…理由最多は『故障や不具合』」と伝えている。確かにＧＩＧＡスクール構想で配布されたタブレット端末でも故障等が頻発している。『埼玉新聞』(2020年6月3日)が「なんと1千万円超…小中学生の授業タブレット端末の修理代、埼玉・久喜市で想定を大幅に上回る　破損原因は」と報じている。

デジタル教科書というソフトの配信でも同様の不具合が起これば、授業そのものがストップしてしまう恐れがある。だがそれだけではない。主たる教材である教科書以外は課金契約により補助教材が配信されるようになると想定すると、一時的な期間契約となりその期間は何度でも使える可能性があるが、期間を過ぎると再契約か使用不可に甘んじなければならない。たとえば学年を超えた復習が困難になることも危惧される。

文部科学省はデジタル教科書の利用促進のために、「学習者用デジタル教科書実践事例集」を2022年3月に発表している。着々とハイブリッド化のスケジュールだけは進んでいる。

(4) AI教師による個別最適化された学び

三つ目に教材教具に具体化されている学習指導要領の内容と児童生徒ごとの資質・能力に個別最適化されたマッチングをさせることである。それは150年間で形づくられた教授労働の解析を介して、人間ではなくAIでも可能とみなされる。やがて教員の専門性は移し換えられ、人間労働から機械へ転換するための最初の一歩が始まろうとしている。それが2021年の中央教育審議会答申「『令和の日本型学校教育』の構築を目指して~全ての子供たちの可能性を引き出す、個別最適な学びと協働的な学びの実現~」が指し示す道の先にある。近代学校教育は近世の官学や寺子屋にみられる個人教授から一斉授業への転換に画期性があった。それが前近代的な発想に戻った。いわばデジタル中・

近世である。

なお、個別最適化された学びと対で語られる協働的な学びとは教室内の集団学習をイメージしては本質を見失う。それは教室を超え企業などと連携した探求型の協働学習にこそ本領発揮となるのである。

中央教育審議会総会は、２０２０年10月16日に「令和の時代の小中高校の学びの在り方　中間まとめ」を了承した。中間まとめでは、児童生徒に一人一台パソコン端末を配備し、デジタル教科書や、ビッグデータの活用で指導を充実させることなどを盛り込んでいる。小学校における教科担任制、少子化などに対応した学校運営や施設のあり方、そしてオンライン教育のあり方が検討されていた。オンラインによる遠隔教育は、コロナ禍に伴って家庭へのオンライン、学校再開後は対面指導とオンラインによる遠隔教育とのハイブリッド化が検討されていた。

対面授業とデジタル教育とをハイブリッド化した教授活動を求められている教員は、デジタル教科書、付属教材をクラウドから、そして児童生徒の学習履歴、健康履歴等をビッグデータから引き出し、マッチングさせること、そしてモニター上の監視に業務が変質する可能性がある。

そのための教員のＩＣＴ教育指導力向上のための大学の教員養成課程が変更され、教員のＩＣＴ利活用のための在職者研修が始まっている。そして、教科書がオンライン配信となることで、教員の裁量で構成されていた授業が普段に情報集積され、学習指導要領コードに割り振られた授業の円滑な進捗や逸脱も物理的には監視可能となるだろう。

『教育新聞』（２０２２年4月15日）は「ＧＩＧＡ　２年目１人１台で『負担増』６割」と教諭・管

理職へのアンケート調査結果を報じている。その負担解消に、教員のデジタル教育を支えるＩＣＴ支援員の配置計画も進んでいる。

学校の教職員はＩＣＴが行う教育を支える脇役になろうとしている。拡大される非正規雇用の地方公務員や民間委託、派遣職員、有償無償のボランティア、そして企業の参加によってデジタル化した教育が「チーム学校」として実施され始めている。サイバー攻撃への対処も含めた多額のデジタル化経費は人件費の削減によって賄われるだろう。私たちは、少子化と過疎化、情報化という時代に対応した「個別最適化された学びの効率化」に立ち会っているのである。その危機に立ち止まって考える必要はないのだろうか。

「デジタルを問う　ＡＩ、無実の人『詐欺犯』に　２万６０００人『不正受給』と認定」との『毎日新聞』（２０２２年６月２日）の記事は興味深い。デジタル競争力を誇るオランダでの児童手当の不正受給があるとＡＩが判断したための悲劇が特集されている。移民や低所得者層は不正受給者が多いとみなしてきた担当者の判断を機械学習した情報機器が、その判断をブラックボックス化しながら増幅した、と推測できるという。

日本のデジタル教育でもＡＩ依存が進むとき、オランダのような危険性はないと言えるのか。学習履歴等の個人情報とデジタル教材教具を、ＡＩが個別最適化する場合に、これまでの人間教員の判断のあり方が機械学習によって増幅される、そのような危険性を十分に承知しておくべきである。１５０年間の蓄積には日本社会のひずみを反映した出身や性別による差別や能力差の固定概念も蓄積されているのである。ＡＩという新たな神のもとに増殖されてしまう可能性は検証される必要がある。アルゴリズムの開示制度を構築しておくことは最低限の危機管理である。

２０２０年10月1日、第2期政府共通プラットフォームが開始した。教育データ標準もこの一環としてあると考えられる。政府共通プラットフォームのベンダー（製造・販売供給元）はAmazonである。使用するのはAmazon Web Services（ＡＷＳ）。運用管理事業者はＮＥＣ。ＡＷＳの購入窓口は日立システムズである。ＧＡＦＡ（Google, Amazon, Facebook, Apple）の一角が、日本政府の情報の基底部分を押さえることとなったのである。デジタル庁も２０２１年9月に発足している。２０２２年改正個人情報保護法により、地方自治体の個人情報保護条例は２０２３年に統合される。

しかし、全体像は不明である。政府はその詳細について広く知らせるべきであると考える。少なくとも、本人や保護者に対する利用目的制限の説明や、その承認・同意、開示と修正申告は、制度設計において必須であろう。同意のあり方についても、厳格な基準が必要である。デジタル教育における安全保障はヒューマン・セキュリティの面からは改善の余地が多々ある。

ＥＵで２０１８年から施行されているＧＤＰＲ（General Data Protection Regulation：一般データ保護規則）では、人種、政治的思想、医療等に関する情報は「特別なカテゴリの個人データ」として特別な条件を満たさない限り、取り扱いが禁じられている。

3 未来人材ビジョン

(1) グローバルな未来人材への鍛錬

すでに述べたように2022年1月7日、「教育データ利活用ロードマップ」では、2025年度までの教育データの利活用のロードマップが示されている。また、文部科学省は2022年4月21日、今後5年間の方向性を示す「学校教育情報化推進計画」案を公表した。デジタル教科書は2024年本格的実施に向けて学校での活用の推進が掲げられている。また、「児童生徒一人ひとりのIDについては、マイナンバーカードの活用を含め、ユニバーサルIDや認証基盤の在り方を検討する。特に、学習者のIDとマイナンバーカードとの紐づけ等、転校時等の教育データの持ち運び等の方策を令和4年度（2022年度）までに検討し、検討結果を踏まえ、令和5年度（2023年度）以降希望する家庭・学校における活用を実現できるように取り組む」という注目すべき記載もある。

2019年に成立した「学校教育情報化推進法」では計画の策定が義務づけられている。国の計画を参考に地方自治体でも推進計画の策定は努力義務とされている。

このような文部科学省の動きが活発化するなか、経済産業省は未来人材会議（座長　柳川 敬之 東京大学大学院経済学研究科　教授）が練り上げた「未来人材ビジョン」（2022年5月31日）を公表した。かなり刺激的な構想が描かれたビジョンである。[9] 私たちは人間ではなく、人材としてしか見られていない。

そこでは2030年、そして2050年の産業構造の変更とそれに対応した人材育成の姿をシンプルに見ることができる。極端なまでに二極分解する経済社会に応じた教育の新自由主義的再編のビジョンである。「好きなことに夢中になれる教育への転換」に乗って未来人材になれるのは、もちろん、一握りの人たちである。きっと豊かな家庭に生まれ、社会関係資本にも恵まれた探求心あふれる子どもが夢中、つまり必死になってようやく未来人材になれるのだろう。経済産業省ビジョンでも描かれているように、中間層が分解した後に、多数は外国出身の低賃金労働者と競争するエッセンシャルワーカーの人生が待っている、そんな構図を経済産業省が提示してみせた。それだけなのか。情報技術者の多くも巨大情報企業群が求める世界人材競争のなかで最低賃金制さえない人生が待っている、と思わざるを得ない。

詳しく見てみよう。未来人材ビジョンは二つの要素からなっている。一つ目、「旧来の日本型雇用システムからの転換」である。「東証一部上場企業の合計時価総額は、GAFAM5社（Google, Amazon, Facebook, Apple, Microsoft）に抜かれた」ことが象徴として表現されている。日本の労働人口の49％が将来自動化されるとの予測にも言及し、雇用システムの転換に連動して二つ目、「好きなことに夢中になれる教育への転換」が導き出される。そのための学校教育ではAI教材を活用することである。例示されている千代田区立麹町中学校では知識の習得や反復的な演習に関わった単位63時間を31時間に圧縮し、32時間分を探求学習としての捻出が示されている。公教育の外で才能を育成する民間プログラムの全国ネットワークの創設等も挙げられている。変革の責任を教育機関だけに押しつけるのではなく、産業界も積極的に参加して転換に寄与することが求められている。

デジタル時代では、「知識」の習得と「探求力」の鍛錬、という二つの機能に分け「好きなことに夢中になれる教育への転換」のための五つの具体策として、教育課程編成の一層の弾力や多様な人材の学校教育への参画。高校では全日制と通信制を問わず対面とデジタルを組み合わせる。民間プログラムの全国ネットワークの利用や、企業の研修教材をデジタルプラットフォーム上で利用可能。大学・高専等における企業による共同講座の設置など、を提案している。ここに提示されているように協働学習はもはや教室内のことではない。資質・能力や探求心は教員や教室内のクラスメイトとの関係に閉じ込めることは想定されていない。探求心は企業等で「鍛錬」されなければならないのだから。鍛錬という言葉は戦時中の国民学校を連想させる。ハイブリッド化した新たな戦争への道につながっているのだろうか。

(2) ハイブリッド教育で学校不要に

デジタル時代という社会背景を抜いてみれば、1995年に経済同友会によって発表された「合校」構想を思い出させる。学校は「基礎基本教室」とされ、周りに芸術教科等の「自由教室」や自然や人とのふれあい体験のための「体験教室」が社会の教育機能として添えられる。現在進行している部活動の地域化もこの時点が原点の一つになっているのだろう。今回の経済産業省版「未来人材ビジョン」は、公立学校の機能低下という現実の進行を踏まえて、より強く学校教育へのダメ出しを行っていると読めるのである。「公立学校不要論」に近づいている。

学校という物理的な空間は必須ではなくなるかもしれない。いまや、「学校は止める」ことが国にとっても地方自治体、そして一部の保護者にとっても経済的な合理性があると考えられているのではないか。遠隔オンライン教育については、コロナ禍のなかでなし崩し的に大規模実証実験が「ＧＩＧＡスクール構想」として行われ実績を積んでいる。地域・家庭環境の相違による教育格差を是正してきた公立学校という枠組みが、いまや新自由主義的な教育の推進の桎梏とさえなっている。近代学校教育の骨格部分が学習形態も含めて、「盥の水と一緒に赤子を流す」ように否定されるのだろうか。さらにアメリカのテレワークに遠隔監視ソフトが生産性向上を目的に使われ始めているように[10]、教育システムに遠隔監視システムを組み込み、それによって効率的な遠隔オンラインシステムの質が保障できるとの発想もありうる。

統合型校務支援システムは、新たな教育再編の情報基盤として早期に導入されてきたものである。さらにはマイナンバーカードに紐づける（データ連携）構想も表面化している。国民管理として長く批判されてきた国民総背番号制への「小国民[11]」からの先行実施に道を拓くことになることを、恐れる。人間教員が自らも試行錯誤しながら集団的な学びで変容する生身の子どもを、受けとめる。それならば可視化できる。しかし代わりに、統合したデータの数値が本人のコントロールの及ばないところで評価され、「連携」と称する使い回しがされる事態になれば、本人は手の打ちようがない。このような不安をぬぐうためには、使い勝手は悪くても統合ではなく、実施するのであれば個別番号による分散処理の方向性がリスク管理からも望ましい。

（3）デジタル社会という危機の時代

私たちはどのような時代を生きてきたのだろうか。まるでテレビゲームのようだと、湾岸戦争は見えた。[12]それは戦争の概念が壊れるほどの衝撃であった。ところが２０２２年のロシアによるウクライナ侵攻はテレビゲームを超えている。殺人ドローンが容易に街をピンポイントで破壊し、人々の命と生活を瞬く間に奪っていく。ＴＶに映るのは、あたかもアメリカ製等の最新のＡＩ搭載の軍事兵器の見本市である。そしてその「成果」さえロシアとウクライナは互いにフェイクニュースだと述べている。ハイブリッド化した戦争は生身の人間の肉弾戦とサイバー攻撃を組み合わせて成り立つ。情報化社会が呼び起こした汚れた戦争である。情報産業は軍事と一体化することによって21世紀で唯一確実な成長産業となった。

鉄腕アトムは漫画本から飛び出て、ウクライナの空を飛び回る。アトム同士が戦うとき、エネルギー源である小型原子炉にはいかなる運命が待ち受けるのか。それは数時間後のことかもしれない。核戦争への恐れを伴う第３次世界大戦の序章が始まっていると見える中で、子どもたちはデジタル教育で24時間の探求心を強要される。国家のではなく「わたしたちの教育」によって、ＡＩ搭載の殺人兵器の開発・製造や使用に力を貸さない人として育ってほしいと願う。

日本社会は地球上にある極東の小さな列島のうえに成り立つ人口１億人超の国家として存在している。中規模の国家としてアメリカ合衆国等の大国のすき間にあって国家主権はなきに等しい状態である。

アメリカ合衆国がグローバル民間情報産業によって、対して中国は国家主導の情報化によって世界を席巻している。このことを最後に考えてみたい。

コロナ禍とともに、災害便乗型政策として社会の情報化は隅々まで張り巡らされた。アメリカ合衆国に見られるＧＡＦＡのようなプラットフォーム企業群は個別的な情報の破片を容易に結びつけ、それを一つの商品として販売することによって巨万の富を得ている。それでよいのだろうか。子どもの学びを金儲けの材料にすることは社会的不正義であろう。それだけではなく、その情報の活用を国家も望むのを想像することはたやすい。デジタル権威主義国家でも、国家運営のために巨大情報産業を活用している。そうみると両者の相違は表面的でしかない。デイヴィッド・ライアンは『パンデミック監視社会』においてこのことを指摘している。[13] 両者の相違は皮相である。さらに仮想通貨、暗号資産などの動向は、国家や巨大情報産業のプラットフォーマーとしての機能さえ喪失させかねない。その指向性から言えば、教育における卒業証書などの公の認証は意義を失っていく。その巨大ＩＴ企業群もコロナバブルがはじけるとツイッターやメタ、アマゾンでは大量のレイオフが始まり、そのビジネスモデルにも陰りが見えている。

ビル・ゲイツが始めたマイクロソフトとは違い、コンピュータソフトをフリーで提供している開発者も多数存在してきた。兵器に関連する開発には参加しないだけではなく、情報環境をコモンズとして考え自らの知的営みを金銭で評価しないプライドをもつ技術者が育つ環境を、日本でいち早く整えていくことはできないものか。

デジタル教育という危機に際して、人間を人材と規定せず、互いが尊厳をもって今を生きる人間を育てることである。そのためには教育に関わる人々が、ＡＩ任せの効率化に走らず、子どもを尊重して丁寧に接することが最も大切なことである。ましてや公教育の目的が「未来人材」の「鍛錬」であってはならない。

＊初出　「統合型校務支援システム」に関する箇所は公教育計画学会年報『公教育計画研究』13号（２０２２年）に発表したものを、学校の安全保障の視点を入れて書き改めたものである。掲載を承諾していただいている。

【注】

1　中村文夫（２０２１）『アフター・コロナの学校の条件』岩波書店。
2　中村文夫（２０２０）「ＩＣＴ教育は教育スタンダードになるか?」『世界』９３２号。
3　会計検査院（２０２２年10月19日）「家庭学習のための通信機器整備支援事業により整備したモバイルWi-Fiルータ等の使用状況について」。
4　『朝日新聞』２０２２年７月７日「学校向けＰＣの入札、11社が談合　公取委が排除措置命令へ」。時事通信２０２２年10月６日「ＮＴＴ西などに排除命令＝広島の学校用ＰＣ談合――公取委」。中村文夫（２０２１）「学校、教育をめぐる談合、不正経理――学校ＰＣ導入をめぐる闇から『契約』を考える」『学校事務』２月号。
5　中村文夫（２０２２）「統合型校務支援システムの課題と転換」『公教育計画研究』13号　公教育計画学会
6　『東京新聞』２０２２年８月18日「公立小中　教員疲弊」
7　中村文夫（２０１６）「17歳の警告――統合型校務支援システム」『学校事務』10月号。
8　共同通信２０２２年９月15日「デジタル教書が急拡大　２９２自治体が全校で導入」。

9 経済通産省（２０２２年5月31日）「未来人材ビジョン」。
10 フォーブスジャパン２０２２年11月27日「遠隔勤務で増えた従業員監視ソフトウエア　逆効果な理由とは」。
11 小学校が国民学校であった頃、小学生に対して用いられていた。
12 ピース・ボイスセンター編（１９９１）『子どもたちの湾岸戦争』新興出版社。『現代思想』１９９１年5月号、青土社。
13 デイヴィッド・ライアン（２０２２）『パンデミック監視社会』松本剛史訳、筑摩書房。個人情報の課題については20世紀から課題とされてきた。馬場恭子（１９８８）『プライバシーが筒抜け──テクノロジー社会・アメリカからの警告』文藝春秋。高見圭司・玉川洋次（１９７３）『国民総背番号体制』三一書房。

第6章

「学力の向上」は子どもの安全を保障するのか

——岩井春子の「一緒に考える場をもつ」教育実践に着目して

■佐藤 雄哉

はじめに

本書で扱う「学校における安全保障」は、国際連合の提起する「人間の安全保障」から一部着想を得ている。人間の安全保障とは「自由と尊厳の内に生存し、貧困と絶望から免れて生きる権利」が人々にあることを認め、その確保を目指して国連加盟国が行動することとされる（第66会期国連総会、2012）。それでは人間の安全保障をめぐる議論において学校教育はどのように語られていたのか。

人間の安全保障において学校教育を重要視したのは、アマルティア・センだった。センは、人間の安全保障の要素として「人間の自由と『潜在能力《ケイパビリティ》』を全般的に高めること」を意味する「人間的発展」を挙げる（セン、２００６：23〜27頁）。その方法としては、学校における読み書き計算など「人びとが仕事を手に入れ、実入りのよい勤め口を見つけるため」の「基礎教育」を重視していた（同右：13頁）。そして、読み書き計算ができないことによる「『不利益をこうむるリスク』の排除」のために「人間的発展」を「『より基本的な』人権」と位置づけていた（同右：24〜25頁）。本章では、読み書き計算をできるようにし、それをより高度にしていくこと、及びその指標として一般的に認識されている教科別のテストの点数を高めることを指して「学力の向上」と呼ぶ。

日本においても、子どもが将来被る不利益を排除するために「学力の向上」を目指すという論理がしばしばみられた。部落差別問題（以下、部落問題）に取り組もうとした同和教育政策が、一つの例である。１９６５年、部落問題解決のための国家政策を検討する同和対策審議会は、同和地区（被差別部落の一部を指す）の子どもたちの「学力」が低いことを指摘し、「将来の進学、就職ひいては地区の生活や文化の水準の向上」に「深い関係がある」「学力の向上」を目指す「方策」をとるとした。これを受けて、１９６９年には同和対策事業特別措置法（以下、同対法）が成立し、文部省は同和地区における「児童・生徒の学力向上」や「生活指導及び長欠の解消」などの施策を、２００２年まで展開していた。

センの人間の安全保障と日本の同和教育政策は、読み書き計算が（高度に）できないことによる不利益を排除するために「学力の向上」を目指す点で重なりがある。

しかし、「学力の向上」が子どもたちに国際連合の意味するところの安全を保障することにつながるのだろうか。この問いについては、東京都墨田区立Ａ中学校において岩井春子（１９４７〜）によって展開された「生きてる中で」の差別について「一緒に考える場をもつ」教育実践が示唆に富んでいる。そこでこの章では、岩井の教育実践に着目して、子どもたちがどのようなことを考え、行動したのか、その過程で岩井はどのようなことを考え、行動したのかを検討する。そうすることで、「学力の向上」と学校における子どもの安全保障との関係を思考する枠組みを考察することとしたい。

1　X地区と学校教育に関わる同和対策事業

A中学校における岩井の教育実践を検討していく前に、その背景としてまずA中学校区にあるX地区及び学校教育に関わる同和対策事業に言及する必要がある。

まずはX地区についてである。X地区は、皮革産業と油脂産業が盛んな地区であり、近世の身分制度に一つのルーツをもつ。近世では浅草新町に住む弾左衛門が関東一帯の「エタ」や「ヒニン」等と蔑称で呼ばれた被差別身分の人々を支配していた。弾左衛門の支配下では牛馬が「斃死すると飼い主の権利は失われ、その場〔旦那場・勧進場〕を仕切る長吏〔被差別身分の人々：引用者注〕に移譲されることとなっていたという（藤沢、2017：306頁）。つまり近世における被差別身分の人々は、死んでしまった牛馬を取得し、処理・皮なめしを専業とする権限を有していた。

こうした状況は、近代に入ると一変する。新政府は、1871年に斃牛馬勝手処理令を出した。それによって飼い主が斃牛馬を処理することが可能になり、被差別身分の人々の斃牛馬取得・処理等の専業的権限は否定された。その後日本における皮革業は、「徳川封建制のもとに営まれていた皮革業の地盤を直接に、ないし間接に利用しながら成長する型」「士族授産の型」「政商的な型」の三つの「系譜」が見られるようになる（皮革産業沿革史編集委員会、1989：117頁）。

浅草では、1880年代半ば以降、皮革製造・靴製造が活発化してきたという（大串、1980：62〜68頁）。1892年になると警視庁は、東京市内において動物の肉や皮等を原料とする皮革・油脂製品の製造施設の新設を認めず、現存のものは1902年までに指定された場所へ移転させる魚獣化製取締規則を布告した。その際に移転先の一つとして指定されたのが、X地区であった。

1925年になると市街地建築物法が出され、X地区を含む東京の皮革関係業者は1940年までに荒川放水路の河口付近の指定地域へと移転するよう命じられた。X地区の製革業組合は、他地区の組合と合同でこの措置を「被差別部落に対する差別待遇である」とし、「明確に『差別』に対する抗議の意思表示をしてい」た。その結果、X地区の皮革業者に対する行政による2度目の強制移転は阻止された。

1937年には、X地区の人々の寄付によってa小学校が建設された。それは、近隣のY地区等を「部落のような醜景」としたうえで、東京市の「中央地帯は決して特殊部落ではない」とする差別記事が『報知新聞』に掲載された年でもあった（『報知新聞〈東京版〉』1937）。a小学校をはじめ墨田区内の小学校で教員をしていた岩田明夫は、地域での聞き取りから「『安心して通える、自分たちの学校を』という地域全体の願い」がその背景にはあったと語っている。

このようにしてX地区は、皮革産業、油脂産業が盛んな地区として歴史的に形成されてきた。また

a小学校は、子どもたちに安心して通える学校をつくりたいという「願い」のもと建設されていた。新制中学校の発足に伴い1947年にはX地区外にA中学校が設立され、以降a小学校の子どもたちは、そこへ進学することになる。

次に同和対策事業についてである。同和対策事業は、先述した同対法を根拠に、同和地区の「経済力の培養、住民の生活の安定及び福祉の向上等」を目的として展開された。しかし、同対法には同和地区の指定に関する規定がなく、実際には各地方自治体がそれぞれどの地域を同和地区として指定するか判断することとなった。そのため歴史的には被差別部落（以下、部落）であるものの、同和地区に指定されていない未指定地区が生じることとなった。東京都では、1935年段階では部落が20地区あるとされたものの、同和地区指定は1件も行われなかった。X地区は、東京都内の未指定地区の一つであると言える。

しかし、東京都では同和対策事業に準ずる事業が独自に展開されていた。こうした東京都の同和行政のあり方は、1978年に出された東京都同和問題懇談会の答申にその方向性が表れている。それによれば、東京の部落は、戦前の震災や戦災、戦後の流入人口の激増によって明確でなくなったという特徴をもち、それを踏まえて東京都は「都民一人ひとりが人権に目覚め、さらに地域・職域・学校等において、人権尊重の共通の自覚をもつよう働きかける」としている。こうした東京都による事業は、国の同和対策事業に対応するものがほとんどであった（表1）。

たとえば、東京都が実施していた学力水準向上事業指定校の充実等は、国の同和対策事業と比較すると、地域の指定はしていないものの「学力の向上」という点で共通の趣旨をもち、かつ「同和教

表1　学校教育に関わる国の同和対策事業とそれに準ずる東京都の事業

国の同和対策事業	国の同和対策事業に準ずる東京都の事業
同和教育推進地域の指定（学力向上等）	なし（学力向上は学校別に指定したうえで実施）
高等学校等への進学奨励（奨学金の給付）	なし
同和教育研究指定校の充実 （同和教育の研究・改善）	学力水準向上事業指定校の充実（1972～1978） 人権尊重教育研究推進校の指定・充実（1979～1981） 人権尊重教育推進校の指定・充実（1982～）
同和教育指導者の確保、研修等（同和加配）	校区に部落のある学校への加配

出典：「同和対策長期計画」及び2022年9月8日に行った東京都教育委員会への聞き取りから筆者作成

育研究指定校の充実」にも相当する事業であると言える。ａ小学校及びＡ中学校は、１９７２年に学力水準向上事業指定校になって以来、事業名の変化はあったもののａ小学校は２００３年３月に廃校になるまで、Ａ中学校は今日に至るまで指定校となっている。さらに、東京都は同和地区を指定していないため同和加配教員を配置できないが、校区に部落がある学校に加配を行っていた。同和加配教員とは、国の同和対策事業として加配された教員のことを指す（２００２年3月まで実施）。

以上のことをまとめると、次のようになる。国は同和地区の「経済力の培養、住民の生活の安定及び福祉の向上等」を目的として同和対策事業を進めた。そのなかで東京都は、同和地区を指定せず、X地区をはじめ複数の未指定地区が生じた。一方で東京都は部落差別の存在自体は認めており、国の同和対策事業に準じた独自の事業を行った。ａ小学校及びA中学校は、１９７２年からその対象となり、教員が一人加配されていた。

2 差別を前に学習どころではない子ども

こうした背景を踏まえて、岩井の教育実践を見ていくことにする。以下、岩田明夫編／岩井春子著（2011）「岩井春子 実践記録集」をもとに記述する。岩井は、1988年にA中学校に赴任し、1997年まで同校で勤めていた教員である。岩井が「生きてる中で」の差別について「一緒に考える場をもつ」教育実践の構想を持ち始めたのは、1991年の初めである。そこで、まずはこの構想がどのように成立したのかを検討していく。

1988年当時A中学校では「教科指導の充実、基礎・基本の徹底」や「規律正しい集団生活の実現を目指す生活指導の充実」等が「人権尊重教育」として推進されていた（墨田区立A中学校長、1990）。ところが岩井は、「異装で登校してきた生徒を追い返すことで、エネルギーを使っている教師」「とにかく勉強勉強という教師」に「あきれていた」という。そうした状況のなかで岩井は、不登校だった1年生のPと出会い、教育構想を成立させた一つの契機となる。

岩井は、Pの担任に家庭訪問へ同行させてもらえないか頼んだが、拒否されたという。しかし、3学期の半ばになると「同僚のメンツより子どもの命」だと考え直し、担任に黙ってPの家に行った。それでもPは、岩井が家に来ても応じなかった。岩井は、Pが出ているX解放子ども会に通うことで、ようやくPと話すことができた。それでもPは、なぜ学校に行かなくなったのかを語らなかったが、岩井は、Pの父から話を聞き、Pが学校でいじめを受けていることを確信していた。

1989年度になると岩井は2年生の担任をもった。Pは、岩井学級に入り、再び学校に通うようになった。次第に元気を取り戻していったPは、自分と同じくX地区に住み、子ども会に顔を出していた同級生のQがいじめで悩んでいたのを励ますようになる。

11月8日、Qは子ども会担当者に、学校でいじめを受けていること、10月には友人の家で「部落、部落」とからかわれたことを告白した。Qは、次のような作文を子ども会で書いた。

机の上にチョークなどで、きえろとか／しねとか、バカとかかかれて／とてもくやしいきもちになります。（中略）しねとかかかれたとき／私はこう思ったりします。ごきぼうにこたえて／しんでやろうとね。（中略）べんきょうするのがとてもつらいのです。／わけは、いじめられたり、いやがらせとか／あるから、がっこうにくるのが、それでせいいっぱいで／それでべんきょうするのがつらいのです。（中略）X地区はくさい、きたないとかいわれたり／ほかの方からきた人なんてこういったりします。／たとえば「くさい」とか「よくへいきでいられるね」／とかいわれてはらがたちました。／よく、はなをつまんだりとか、そういうのみてると／とてもいやです。／そつぎょうするまでは、こうゆうことは／なくしてほしいけど／わからんちんだからたぶんムリ／だなーって思えます。／でもやれるだけやってほしいし……。／ほんとうはこうゆうことがなければなーって、／6年のときそうぞうしたのと、大ちがいでした。（Q、1989）

Qは、机にチョークで「しね」と書かれたとき「ごきぼうにこたえて／しんでやろう」と思うほど追い詰められていたこと、そのために学校に来るので精一杯で、とても学習どころではないこと、X地区について「きたない」「くさい」などの言葉を投げつけられて「はらがた」ったことを綴っていた。そしてA中学校の教員に対して、卒業するまでに「こうゆうことは／なくしてほしい」と願いを綴りつつも、諦めの言葉を記している。

Qは、子ども会の担当者から子ども会の中学生に問題提起するよう促されたものの「いじめられている人間の気持ちなんかわかるだろうか」「わかってくれる人にしか知られたくない」と躊躇していた（部落解放同盟東京都連合会墨田支部、1990a：8頁）。Pは、自ら作文を書き、Qを励ました。

私はいま、前より幸せです。前は、とてもひどいいじめにあいました。（中略）学校へ行くと、いつもいやなことをいわれ、いやがらせをされて、地獄の日々がつづきました。（中略）だんだんいやとゆう気持ちから恐怖になっていって学校に行かないままになってしまいました。（中略）A中に行くのがいやになった時とかを考えて自殺しようと思ったことが何回もあった。どんなに悩んでいても一人では、解決のできないことだし、人に話そうと思ったけど誰も、深くは考えてくれないとか思って、誰にも話せなかった。そして、だんだん、日がすぎていった時に、ある先生に話をしました。先生に、あまり本当のことは話せませんでした。すごくつらかった。2年になって学校にいけたのもこの先生がいてくれたからと思っています。（中略）私は、直接「X地区くさい」とかは、聞きませんが、「X地区軍団」とかいわれた時は、〝べつにあなた達に関係ないじゃん〟とか思っていました。「X地区くさい」とか、いう人がいると思いますが、私は、その人達にべつに、その人達に、害をあたえてるわけではないんだから、「X地区くさい」とかいえないと思います。もし、そういうことがあったらすぐいえるような人になっていきたいと思います。

私は、先生達にやってほしいことがあります。なにか時間をつくって、生徒達、あるいは、いろんな先生方にX地区のことだけではなく私達が今、生きてる中で差別はあるけど差別をなくしていこうということ、教えていって下さい。

（P、1989）

Pは、学校に行けばいじめにあうという「地獄の日々がつづ」いたこと、恐怖を感じて学校に行かなくなったこと、いじめのことを誰にも話せなかったこと、何度も自殺を考えたことを作文に綴った。そして岩井に話したことをきっかけに、学校に行くことができるようになったという。「前より幸せ」としているのは、その反映であろう。そしてPは、「X地区軍団」と言われたことへの怒りを表明し、A中学校の教員に「X地区のことだけではなく」「生きてる中で」差別があること、その「差別をなくしてい」くことを教えてほしいと願いを書いていた。

岩井は、PやQとのやりとりから三つのことを認識したと言える。第一に、X地区の子どもたちが凄惨ないじめのなかで学習どころではない状況におかれ、自殺にまで追い込まれつつあったことである。PとQは、作文に学校でのいじめの実態を書き、それを苦に自殺まで考えたことを共通して綴っていた。第二に、いじめの実態がX地区への差別発言の告発と合わせて語られたことである。PとQ

は、作文の前半ではいじめの実態を描き、後半でX地区への差別発言の告発を行っていた。これは、子どもたちがいじめの背景にはX地区への差別があると考えていたことを示唆している。第三に、X地区の子どもたちが差別をなくす教育をしてほしいと教員に願っていたことである。ここでの差別とは、Pの書くように「私達が今、生きてる中で」の差別であり、差別発言などに典型的にみられる。PとQは、作文の最後の部分でその旨を書いていた。これ以降岩井は、これらの認識のもと子どもたちの願いに応えようと取り組んでいく。

3 「生きてる中で」の差別について「一緒に考える場」を

岩井が先述した教育構想をもったもう一つの契機は、X地区の人たちからの告発と、それに連なる岩井の失敗経験であった。まずは、X地区の人たちからどのような告発があったのかをみていきたい。

翌年1月26日、X地区の親やX地区の人々からなる部落解放同盟東京都連合会墨田支部（以下、墨田支部）は、学校側にQをはじめとするX地区の子どもへのいじめ問題の事実関係を調査・報告するよう要請した。3月、A中学校校長は、墨田支部に報告を行った（墨田区立A中学校長前掲）。校長は、Qが受けた差別発言が事実であり、それがX地区に対する「偏見に基づいた差別意識」から発せられたこと、Qの他にもいじめを受けているX地区の子どもがいること、長期欠席者の半分がa小学校出身であることを示した（当時a小学校からの進学者は10名前後であり、明らかに少数だった）。そのうえで「学校全体としての適切な指導が遅れたことを厳しく反省し」今後は「教師や友達に何でも言える人間関係づくりを進める」こと、「同和問題に対する生徒の理解・認識を深めながら」X地区に対する「偏見・差別意識を解消」し、「差別を見抜き、差別を許さない生徒の育成に努める」こと、「生活指導」の「充実」及び「基礎学力の充実・向上」に取り組むことを「学校の見解」として示した。

報告を受けた墨田支部は、Qをめぐる問題について学校側の理解がなぜ「十分でな」かったのかを明らかにすること、「生活指導等の充実」等実現のための「具体的内容」を示すことを校長に求めた（部落解放同盟東京都連合会墨田支部長、1990）。その結果5月から7月にかけて3回にわたる教育懇談会が設けられた。ここで墨田支部は、問題点を以下の3点に絞っていった（部落解放同盟東京都連合会墨田支部、1990b）。

第一に、「差別やいじめの集中を放置し、助長・拡大してきた学校側の姿勢」である。墨田支部は、子どもたちを苦しめてきた差別発言を「どうして見て見ぬふりができたのか」ということに焦点を当て、X地区について「全く理解していない」ことを問題とする。

第二に、X地区の「子どもたちを励まし勇気づけれ《ママ》ない、訴えに応えられない学校側の姿勢」である。それは、PやQらの作文に裏づけられた問題認識であった。いじめを受けて自殺にまで追い込まれつつあり、差別発言に悩む子どもたちを勇気づけられなかったこと、子どもたちの作文にある「差別をなくすことを教えてほしい」という訴えに学校が応えられないできたことを指摘していた。

第三に、X地区の「子どもたち・親・同盟」の「声を真剣に受けとめ」てこなかったことである。

ここには話し合いを学校側に要請したものの、当初校長がまともに取り合わなかったことに対する怒りが反映されている。そして今後もX地区の「子どもたちが安心して通える学校をもとめて、話し合いをすすめ」たいとの意志が現れていた。

この三つの問題認識を貫徹していた理念は、「X地区を誇りに思う」ということであった。学校側がこの理念を理解したうえで、子どもたちを励まし、子どもたちの訴えに応えるような「安心して通える学校」をつくるために、X地区の人々の声を聞いて問題状況に取り組むよう要請していたと言える。

この「X地区を誇りに思う」という理念と「安心して通える学校」をつくってほしいという願いは、第3回教育懇談会の冒頭で墨田支部が読み上げた2年生のA中学校生徒Rの作文に現れていた。Rは作文で「あぶらのにおいがとても好きでした」としていた（R、1990）。それは、墨田支部の「X地区を誇りに思う」という理念と重なる。またRは、中学にあがってからはX地区内にある自分の家に友達を連れていくのが嫌だとしていた。そこには、本当は友達にわかってほしいのに、わかってもらえないかもしれないという悩みが現れている。墨田支部は、自らが「誇りに思う」ことを自己開示できない場となっている学校を「安心して通える学校」へと変えてほしいとの意味でRの作文を読んだのだと言えよう。

岩井は、A中学校の教員として同会に出席していた。X地区の人々の告発を通じて岩井は、X地区の「仕事や歴史的背景」等の「実態を知らぬまま、基礎学力を、生活指導をで、いいのか」と考えるようになっていた。「基礎学力」の向上のための補習が「『勉強ができないのは、悪いことで、努力しない奴はバカにしていい』という価値観を育ててきたのではないか」「生活指導の徹底が、子どもの排除になっていないか」ということを懸念するようになっていた。これは、岩井にとって「基礎学力の充実」と「生活指導の徹底」の位置づけが1988年当時から変わったことを示している。当初は、それらに「あきれていた」のであるが、X地区の子どもや親等との対話を通じて、それらが能力主義的価値観を形成し、一部の子どもたちを排除していたのではないかと問題視するようになっていた。

こうして1990年度、3年生の担任をもった岩井は、X地区の「仕事や歴史的背景」等の「実態」を知らせる教育に取り組む。そこで岩井は、Rの作文を教材として扱おうとした。Rは、作文を書いたのが「自分とわからなければいい」と教材化を承諾した。岩井は、作文の油屋の部分を皮屋に変更し、卒業生の作文として子どもたちの前に出すことにした。

実際に授業を行ってみると、子どもたちからは「またか」との声が上がる。それを聞いたRは、授業後岩井に「こんな授業やりたくない。何で同じこと何回もやるんだと言っている人達がいるから」と言いにきた。そして「くやしい、一生懸命書いたのに。みんなに一緒に考えてもらえると思っていたのに」と続けたという。

岩井が「生きてる中で」の差別について「一緒に考える場をもつ」教育実践の構想をもつようになったのは、この失敗を反省して以降であった。岩井は、Rの作文を使って授業をやりたいとRやRの家族にかけあったものの、「油脂産業に寄せるお父さんの思いも聞かず、仕事場を見に行こうとも」しなかったことを反省する。そしてX地区の人々が求めていることは「油脂工場や皮革工場によせる思いでつながっている仲間・X地区からA中学校に進学してきて3年間、その思いを伝えられずにきた子どもたちと一緒に考える場をもつこと」だった整理する。つまり、X地区の「実態」を知らせることは、必要なことではあったが、それでは不十分だったということである。「X地区を誇りに思うこと、あるいはそれに連なる「思い」を抱いている子どもたちが、それを同級生に伝えられずにいる。岩井は、そうした「思い」を自己開示できなくさせている「生きてる中で」の差別について「一緒に考える場」を学校でつくらなければならないことを、ここで認識したと言える。

4 「一緒に考える場」づくりは皮なめしへ

「生きてる中で」の差別について「一緒に考える場をもつ」という教育構想をもつようになった岩井は、どのような実践を展開したのか。岩井がこの構想をもつ頃にはP、Q、Rらは卒業し、再び岩井は1年生の担任となっていた。

岩井は、人権尊重教育推進校の予算で購入した映画『朝の空気はつめたい』（山口、1976）を教材に授業を行った。この映画は、廃品回収業を営む父を恥ずかしく思っていた部落の子どもが、賤視に抵抗しながら働き、生きる父の姿を見て、父を誇れるようになるという物語である。これを見て1年生のSは、感想文にX地区をバカにされて「言いかえせ」ず「くやしい思い」をしたことを書いた。岩井は、これを足がかりにa小学校から来た子どもたちと話し合い、「不安」も出されるなか学年で問題提起をすることに決まった。

こうしてX地区の子どもたちの作文を綴じた資料「私達のX地区」をつくり、学年集会をもった。「私達のX地区」の前書きによればX地区の子どもたちは、皮革工場や油脂工場から出る「におい」に対する同級生の反応に「悔しい思いをし」たことを「不安」ながらも「正直な気持」で資料に書いたという。そのうえで、そうした反応が「差別」であるとしつつ、同級生に作文を読んで「正直に自分の気持を書いて」もらおうとしていた（無記名、1992a）。岩井は、以前の失敗とこの実践との違いは「子どもたちと共に考え、地域や親の思いに学」んだところにあると確認していた。

Sは、2年生になると「私達のX地区」の取り組みの続きとして文化祭で何か取り組みたいと岩井に声をかけてきた。そこで岩井は、X地区の子どもたちを集めて話し合わせると「皮から革へ」をテーマに、工程ごとの皮革を展示することに決まった。展示の趣旨を説明する「みなさんへ」と題する文章には、X地区の子どもたちが、皮革の仕事に対する「ほこり」と「偏見や差別」の両方を視野に込め、「私達にも深い関係がある」ことを学んだことが記されていた。そしてこの展示は「この問題を正面から考えたい・考えてほしいという私達の気持ちの結晶」だとする。ここにも、自らの「思い」を表明し、「生きてる中で」の差別を問題として「一緒に考え」たいという子どもたちの意思が現れていた（無記名、1992b）。

岩井は、この取り組みに、X地区外の「小学校から来た子どもが何人かでも一緒にやったことの意味は大きかった」と振り返る。ここから岩井は、文化祭の展示品の作成を「一緒に考える場」とする方法がある程度有効であることを感じ取ったのだろう。

Ｓらが3年生になるとX地区の子どもたちの間で「人間関係のつまづき《ママ》」がみられたという。岩井は、去年までの取り組みを「一歩進め」ることで「一緒に考える場」をもちつつ、「こじれた人間関係をつくりなおせる」かもしれないと考えた。そこで文化祭で皮なめしをやろうと声をかけ「皮から革へPart II」に取り組むことに決めた。

完成した革は「私たちのなめした革」として文化祭で展示した。当時展示されていたものが現在もA中学校に飾られている（写真）。参加者は、ａ小学校から14人、近隣のｂ小学校から15人、ｃ小学校から９人の計38人であった。前年度参加した子どものほとんどがａ小学校出身者であったことに鑑みれば「一緒に考える場」が広がっていたと言える。

写真　A中学校に飾られている子どもたちがなめした革（2022年8月4日筆者撮影）

Ｓは、感想文に皮なめしを何度も「やりたくない」と思ったが、いざ終えてみると「嬉しいとしかいいようが」ないと書いていた。それは、一緒に皮なめしに取り組んだ同級生や展示を見にきてくれた人に「私なりに、すべてが伝わった」と思ったからだった。そしてX地区出身の後輩にも「私達のように、堂々としてほしい」と願いを綴っていた（S、1993）。

Sをはじめa小学校出身の子どもたちが「堂々」とすることは、他の子どもたちを励ますことにもつながっていった。この頃にはX地区外から通っている子どもたちも「別れた父から学費をださないと連絡を受けて、けんかをした話」や、2年生の頃「非行」をしつつも「誰も信じられず一人で泣いた時もあったという話」をするようになっていた。岩井は、このことから「本当の気持ち」を出すことができ「励まされる思いで暮らせる学級」をつくることができたと結論づけている。

一方a小学校出身のTは「3年間思い続けてきた事」を「あんまり理解してくれたようには、思わない」と作文に書いていた（T、1993）。ここには、この実践がX地区に対する差別と十分に結びついていたのか、という疑問があったのではないか。なぜならX地区に対する差別は、皮革産業に着目して行われるものだけではないからである。たとえば先に引用したPの作文には「X地区軍団」と言われたとあった。X地区には皮革産業以外の職に就いている人もいるのに、なぜ「軍団」と括れてしまうのか。それはX地区に対する差別が、職業差別ではなく部落差別であるからだろう。Tは、このことを敏感に感じ取っていたのかもしれない。

このように展開された岩井の実践は、皮革産業への「思い」をもつX地区の子どもたちをはじめ、厳しい立場に立たされた子どもたちを励ますことにつながった。一方「生きてる中で」の差別は、どのような差別だったのかという検討が不十分だったという課題も残されていた。「3年間思い続けてきた事」を伝えきれなかったとしていた子どもがいたのも、その反映であると言える。

おわりに

以上、岩井の「生きてる中で」の差別について「一緒に考える場をもつ」教育実践に着目し、子どもたちがどのようなことを考え、行動したのか、その過程で岩井はどのようなことを考え、行動したのかを検討してきた。そのなかで「学力の向上」と学校における子どもの安全保障との関係を思考する枠組みとして、次のことが示唆された。

第一に、不利益を被るリスクを排除するための「学力の向上」は、子どもたちが「自由と尊厳の内に生存」することを保障するとは限らないということである。岩井は、「人権尊重教育」として「基礎学力の向上」が推進されているなか、ＰやＱたちがいじめや差別発言に悩み、学習どころではない状況のなか自殺にまで追い込まれつつあったことに気がついた。そうした状況に置かれた子どもたちは、教員に差別をなくす教育をするよう願い、地域の親たちは「安心して通える学校」を望んでいたのだった。改めて本章の表題に答えるならば「学力の向上」は子どもの安全を保障するとは限らない、となる。

第二に、そのうえで子どもたちが学校で「自由と尊厳の内に生存」することをどのように保障していけばよいのか、具体的な状況を把握しながら模索する必要があるということである。それは、子どもに安心して学校生活を過ごさせない問題状況があるからである。岩井は、学校から地域に繰り出して子どもや親の願いを聞き取り、「生きてる中で」の差別について「一緒に考える場」づくりに取り組んだ。結果的にそれは、X地区の子どもたちだけでなく厳しい立場に立たされている子どもたちを励ますことにつながった。一方で「生きてる中で」の差別は、どのような差別だったのかという検討が不十分であったという課題も残されており、X地区の一部の子どもは敏感にそれを感じ取っていた。なお、本章では十分に検討することができなかったが、岩井が問題意識を共有している同僚や、東京都同和教育研究協議会に集う教員らとの交流のなかで励まされつつ、方向性を確かめながら実践を展開していたという側面を無視することはできない。

第三に、これらの模索は、行政による教育条件整備に支えられていたということである。岩井が学校から地域へと繰り出すことができたのは、加配教員の分、校務分掌に余裕があったことが背景として考えられる。また岩井の教育実践のきっかけとなった映画『朝の空気はつめたい』は、人権尊重教育推進校事業の予算で購入していた。決して十分であったとは言えないが、行政による人的・財政的な下支えがあったからこそ、岩井は子どもたちが学校で「自由と尊厳の内に生存」することをどのように保障していけば良いのかを模索することができたのだと言えよう。

不利益を被るリスクを排除するものとして「学力の向上」を位置づけるという思考枠組みは、センの「人間の安全保障」にみられるように、根強くあると筆者は考えている。本章では、「学力の向上」が「自由と尊厳の内に生存」するという意味における人間の安全を保障するとは限らないことを指摘してきた。また本章では検討することができなかったが、そもそも不利益を被るリスクを排除するものとして「学力の向上」を位置づけることは、「準備としての学習」（池田、2021：112頁）を強いることになり、子どもたちの学習における自己決定の機会を奪ってしまう問題は残されたままである。いずれにしても、本章が「学力の向上」と学校における子どもの安全保障との関係を考える契機になることを願ってやまない。

【注】

本章では、本文及び公刊されていない資料の書誌事項において、被差別部落の地区名、学校名及び子どもの名前を伏字にする。これらの名称を明らかにすることは、歴史的実証性を担保する一方で、関係するすべての被差別当事者の同意がなければ「さらし」行為（アウティング）に他ならず、重大な人権侵害である。また日本国憲法及び人種差別撤廃条約は、部落民であること（前者では門地、後者では世系と呼ばれる）により差別されない権利を認めているにもかかわらず、部落差別を定義し、直接に禁止する法令が存在していない、かつ政府から独立した人権救済機関がないなど部落差別の被害者を救済する制度が未整備である状況があり、被差別当事者は差別されない権利を享受することができていない。そのため本章ではアウティングを避けつつ、部落差別をめぐる深刻な社会状況を憂慮し、上記事項を伏字で示すこととする。

【参考・引用文献】

池田賢市（２０２１）『学びの本質を解きほぐす』新泉社。
岩田明夫編／岩井春子著（２０１１）「岩井春子　実践記録集」（ファイル綴じ、産業・教育資料室きねがわ所蔵）。
岩田明夫編（２０１１）「私達のX地区・皮から革へ　A中学校」。
大串夏身（１９８０）『近代被差別部落史研究』明石書店。
木下川沿革史研究会（１９９４）「木下川地区のあゆみ」『明日を拓く』第２・３号、東京部落解放研究会。

木下川沿革史研究会編（2005）『木下川地区のあゆみ・戦後編』現代企画室。

墨田区立A中学校長（1990）「本校の人権にかかわる件について」。

セン、アマルティア（2006）『人間の安全保障』東郷えりか訳、集英社。

第66会期国連総会（2012）「人間の安全保障に関する国連総会決議」（A/RES/66/290）。

皮革産業沿革史編纂委員会編（1989）『皮革産業沿革史』上巻、再版、東京皮革青年会。

藤沢靖介（2017）「東京　概説」東日本部落解放研究所編『東日本の部落史1　関東編』現代書館。

部落解放同盟東京都連合会墨田支部編（1990a）『差別と闘っているのが部落だよ――吾嬬二中差別糾弾闘争の記録』部落解放同盟東京都連合会墨田支部。

部落解放同盟東京都連合会墨田支部編（1990b）「A中学校との話し合いのために――糾弾要綱」（同右所収）。

部落解放同盟東京都連合会墨田支部長（1990）「A中差別事件についての話し合いの要請」。

『報知新聞（東京版）』1937年1月12日付。

無記名（1992a）「私達のX地区」（岩田、前掲所収）。

無記名（1992b）「みなさんへ」（岩田、前掲所収）。

山口昇監督（1976）『朝の空気はつめたい』長門勇他出演、東映。

a小学校協賛会編（1937）「開校記念誌」a小学校協賛会。

P（1989）無題。

Q（1989）無題。

R（1990）無題（岩井、前掲所収）。

S（1993）無題（岩田、前掲所収）。

T（1993）無題（岩田、前掲所収）。

第7章

子どもも教員も安心して授業に臨めるか

池田 賢市

はじめに

いまや「安心・安全」は学校運営上のキータームである。東日本大震災以降は、特に防災と人権という意味でも、強調していく必要のある観点となっている。しかし、そもそも学校は、教育を受ける権利保障の場として、日本国憲法（第26条）及び学校教育法等の諸法令に基づき設置されていることを考えれば、「安心・安全」であることが当たり前でなくてはならない。そうでなければ、その権利は確保されないはずだからである。にもかかわらず、改めてそれを強調しなくてはならないところに、日本の教育行政の人権感覚の欠如が浮き彫りになっていると言えるだろう。

その意味では、「安心・安全」（「安全」の要素も組み入れながら、以下では「安心」とのみ表記する）の確保には誰も反対はないはずだが、それは、「災害」や「犯罪」に関することだけではない。学校教育のあり方自体が、そこで活動する子どもや教職員にとって「安心」を与えるものとなっているのかどうか、もっと広く、かつ根本的なところも含めて検討しなくてはならないだろう。やや結論的に言えば、本章では、学校自体が、子どもや教職員に対して安心できない構造を必然的に抱え込まされていること、そして、そのこと自体がまるで当然の教育活動であるかのように受け止められていることを指摘していくことになる。

1 教育の権利問題

権利として教育をとらえるなら、まずは、それが平等に保障されていることが前提となる。ところが、すでにこの最初の部分から、現在の学校が、安心して学べる状況ではないことが明確になってしまう。

たとえば、子どもの家庭の経済的状況によって、「学力」や「進学」に「格差」が生じることは、マスコミ等でも盛んに伝えられている。つまり、子どもは、自分の家の経済状態によっては、高校や大学まで行って学んでみたいと思っても、学びを継続できないことがあると思いながら学校に通うことになる。こんな状況では、学びに対して、そして将来の生活、自分の生き方に対して積極的なイメージを描けるはずがない。

このような事実は、国際的にも、さまざまな研究によって、すでに1950年代から（フランスの社会学者ブルデューなどの研究を代表として）指摘されている。しかし、未だに解決されない。なぜなのか。ここでは、未解決の要因を2点指摘してみたい。

一つは、権利としての学びの機会確保に、金銭的な条件が必要となる点への批判的検討が欠如しているからである。経済的援助をすることで問題解決をしようとする発想が間違っているのである。もう一つは、「学力」の定義や内実の批判的検討が欠如しているからである。学力向上（何らかの到達度）を各人に一律に求める方法を検討することで問題解決しようとする発想が間違っているのである。

2　経済的援助による負のスパイラル

権利である教育へのアクセスに、どうして多額の金銭が必要になるのか。これ自体が、国の政策の失敗として厳しく問われなければならない。社会権規約（経済的、社会的及び文化的権利に関する国際規約）の第13条は、初等教育段階のみではなく、中等教育及び高等教育段階の漸進的無償に向けた施策がとられることを締約国に求めている。これは、「授業料」という概念自体の問題性を俎上に乗せよ、ということでもある。

日本では、高校授業料無償化でこれに対応しているとされる。しかし、そこでは、教育への権利保障の確保のために一定の料金の支払いが求められていること自体の問題性は問われていない。授業料以外にも、多くの支払いが要求されるのだが、それについて十分な対応ができていないことはもちろん、そもそもこの無償化制度の適用に所得制限が設けられていることについての議論も必要である。家庭の所得によっては、支援されない場合もあるわけである。一定の基準以上の所得があるのだから支援は必要ないのだということなのだが、この発想自体が、学びにはお金がかかって当然であるという行政側のゆるぎない思想（⁉）に基づいている。

また、大学教育段階では、政策的には、奨学金の充実で対応するとしているが、給付型奨学金の枠はきわめて小さく、貸与型がほとんどである。つまり、借金をしなければ学びを継続できない状況なのである。大学を卒業し、どこかに就職できたとしても、その生活は借金を抱えてのスタートとなる。これでは、安心して学べる環境がつくられているとは言えない[1]。

教育とお金との強い結びつきを切り離そうとするのではなく、それを前提としたうえで、所得の少ない家庭に金銭的な支援をすれば、一般的には、条件を平等化できるのではないかと考えてしまうかもしれない。しかし、お金がかかることを問い直しているわけではないので、所得の高い家庭が、より一層の金銭を投入してくることは止められない。いかに経済的な「投資」をするかが争われることになるのだから、どこまで行っても格差が縮まるはずがない。投資競争に全員を巻き込むことになっていく。

しかし、政策としては「支援」はしているのだから、その結果として、学力が思うように上がらず、進学が厳しくなったとしても、それは「自己責任」であるという強弁が可能になってしまう。

投資競争になってしまう限り、経済的な援助をしても「学力格差」は縮小しないことは明らかなのだが、では、解消すべき「格差」とは、何だろうか。

3 学力の多様性問題

いま「多様性」の尊重という主張は、政府も口にするほど一般的になってきている。しかし、尊重すべき多様性とは、「何に」ついての多様性なのか。多様である状態である限り、少なくとも、さまざまな「ちがい」があってもそれ自体が問題になることはない、ということだろう。ところが、「学力」の多様性だけは、なかなか認められていない。走るのが早いとか遅いとか、歌がうまいとか下手だとか、そういった「ちがい」は、時にはほほえましいエピソードとして語られることさえあるのに対して、「分数の計算ができる子もいれば、できない子もいて、本当に子どもって多様だなぁ」とは決して語られない。これは憂うべき「格差」として、解決すべき状況だと認識される。

この「格差」を解消すべく、保護者は子どもを学習塾に通わせたり、参考書を買い与えたりする。教育にどれだけの金額を投入できるかが問題となり、学習塾の費用を補助するなどの対策が、格差是正として発案されたりもする。

しかし、子どもたちが安心して学べる環境を確保するためには、学校から与えられた学習課題について、一定の期間内に、一定の成果を出さなければならないという現在の学校教育のあり方を変えていくことが必要なのではないか。同じ年齢だというだけで、なぜ、同じ内容を、同じように学び、同じような成果を出さなければならないのか。しかも、このような要求をする学校教育を受けることが、教育への「権利」だと言われている。これは、なかなか納得できるものではない。権利である限りは、「自由」であるということが前提として確保されていなくてはならないのだから。むしろ、学んだ結果として、同一の「能力」形成がなされていくことのほうが不自然ではないのか。

社会は、さまざまな特徴をもつ人々から成り立っているのが現実であり、また、そのようになっていなければ、存続していくことはできない。学校での学習の結果がどのようなものであっても、それとは関係なく、社会生活への参画が十分になされるようでなければ、「多様性」を尊重した社会とは言えないだろう。みなが同じ方向しか向いていない状況は、社会的な危機である。ファシズムを連想せざるを得ない。

とは言え、ここまでの議論から、誤解も生じるだろう。つまり、「勉強はできなくていいと言いたいのか」と。このことへの端的な回答は、「できなくていい」と言いたいのではなく、なぜ学習の結果が異なると「格差」と言われて問題視されなければならないのか、ということを問題にしているのだ、ということになる。つまり、「できる」とは、「何が」できるということなのかを問う必要があるということである。

4 「できる」ことのあいまいさ

学校において「できる」とは、一般的には、「テストの点数が高い」「成績がいい」というイメージだろう。これは、学習指導要領に基づく学習内容の習熟度の高低によって「できる・できない」を判断しているということである。もちろん、判断するのは教員であり、その教員による評価・評定を示された保護者であり、また、それを知った他の大人たちである。最近では、成績にはすぐに反映されないけれど、「地頭《じあたま》がいい」などと言って、何やらそこにある種の「天才肌」の資質を見出したかのように表現する場合もある。まるで、その子どものもつ本質的な能力を見出したかのような含みで語られるときもある。もちろんこの場合、学習指導要領などと違って明確な基準が提示できるわけではなく、それを言う人の価値観に左右されている。

ただ、いずれにしても、「できる」かどうかは、その子どもに対する他者からの判断であり、子どもの自己申告ではない。これは当然のように感じられるかもしれないが、一般的に「学力」や「能力」と言われるものを特徴づけるときに、きわめて重要な観点となる。なぜなら、学力等が誰かの判断によるものだとすれば、「できる」という状態とは、他者が価値が高いと思っていることにその子どもの状態が合致したということを意味するからである。つまり、「できる」とは、他者が求めている要求に応じることができたかどうかによって決まる、ということなのである。その子どもの学ぶ意志とか、目的とか、そのようなことは一切関係がないということである。そして、その「でき具合」によって、学習への権利が引き続き保障されるかどうか（具体的には、進学できるかどうか）が決まる。

このような環境は、権利侵害として問題視されなくてはならないだろう。他者がどう判断しようが勝手ではあるが、その判断が学習継続の機会を左右するのだとすれば、やはり問題である。子どもたちは、もっと学んでみたいと思うなら、他者が要求する学び方をし、期待されている成果を出すように追いつめられていく。もはやそれは、「自分の」学習ではない。

先に、「できなくてもいい」と言いたいわけではないと述べた。「できる」ためには、自らの学びは放棄せざるを得ない、そういう状況にもっと注意が向けられるべきではないか、と言いたいのである。できてもできなくても、それは、所詮は他者の基準が変わってしまえば、昨日まで「できる」と言われていた子どもが、今日は、急に「できない」と判断されることになるのだから、かなりあいまいでいい加減なものである。これは、学びの環境としてはかなり不安定だと言わざるを得ない。そして、全く「安心」できない。常に自分に判断を下す権力をもつ者の顔色をうかがいながら勉強を進めていくしかない。

要求されたものに応じることができるかどうかで「学力」が決まってくるのだとすれば、「できる・できない」の評価軸上での個人は、正確には、具体的に何かの知識・技能を習得することによって「できる」側に移動していくのではなく、他者からの要求にうまく応えることが「できる」かどうかで移動していくということになる。テストでその位置が測定されているわけである。しかし、仮にテストで１００点をとっても、「できる・できない」の軸が「できる」側にグッと伸ばされ、現状が

「できない」位置にされる。子どもたちは常に「できない」状態に戻される。[2]

なお、今日、「できる・できない」の基準が、経済的要求への対応力として設定されていることは、言うまでもないだろう。グローバル経済と言われる状況のなかで、競争に勝ち抜いていく力が求められているわけである。より具体的には、教育政策がＯＥＣＤの教育観に左右されているのであり、また、「投資」「付加価値」「効率性」「ＰＤＣＡ」など、教育が経済学や商品製造過程の用語で語られていることからも、経済的要求と学力との関係は明らかである。このこと自体は、１９６０年代に入ってからの教育制度の進展を推し進めた原理と同じである。つまり、学校が「人材養成」機関として機能するような性質をもたされたことから、基本ラインは変わっていない。もちろん、１８７２年の「学制」以来、立身出世（「学事奨励に関する被仰出書」により明示）が謳われていたことに遡ることもできるが。[3]

5　基礎的知識の暴力性

しかしながら、子どもの学ぶ意志や目的等を無視するということではなく、現実的には、社会生活に必要な基礎的知識はあるのだから、それを子どもたちが身に付けていくことは「権利」として重要なはずだ、との意見はありうる。実際、このような語り方で、勉強の意義が子どもたちに伝えられる場面は多い。要するに、学校が権利保障の場として存在しているのは、社会生活していくうえで「基礎的」な知識を学ぶためだ、とする見解である。これは、かなり一般的だろう。

しかし、そのままこの見解を前提とするわけにはいかない。もう少し検討が必要である。なぜなら、ここには二つの議論が含まれているからである。一つは、「基礎的」知識が存在しているということをめぐる議論であり、もう一つは、学校は社会生活をするための「準備」であるということをめぐる議論である。

まず、「基礎的な」内容があるという見解は、先に述べたように、「できる」状態の判断基準の不安定性を踏まえれば、かなり根拠が弱いことになるだろう。むしろ、それは「信仰」に近いものと言えるのではないだろうか。その時々の経済情勢（雇用情勢）が必要とするものが基礎学力（の内容）を形成していくことになっているのだから、これさえ知っていればいいという「基礎的知識」はないことになる。

ただし、それは単に時代と場所によって変化しているだけであって、その時々で必要なものはあるのだ、とも言える。だとしても、変化しすぎている気はするのと同時に、現在では、Society 5.0などの議論[4]にもあるように、そしてＯＥＣＤの教育観にもあるように、今後は「予測不可能な時代」になると言われていることを考えれば、もはや「基礎的」なるものを固定的に設定することはできなくなってきている。むしろ、なんでも必要だとの議論になっていく。教育内容は増えていくしかない。予測不可能なことに対応しようとしているのだから、何が必要だと言われるかわからない。本来ならば、なぜ「予測不可能」と予測できるのかを問いたださなくてはならないのだが。むしろ、「予測不可能」と言うことで、どんな教育政策も正当化されていく。これが狙いだと疑いたくなる。

しかし、このような議論は、いくら展開してもきりがない。教育内容を確定しようとすること自体が、一種の権力作用だからである。そして、だからこそ議論しておかなくてはならないのは、「基礎的知識」の習得という語り方で学校教育を特徴づけようとしたときに、誰かの生活が不利益を被り、市民的な自由から排除されていく危険性があるという点についてである。

「基礎的知識」と言われるものの設定により、その習得が当たり前のように考えられていくと、その欠如が社会生活を送るうえで不利に働くことになっても、自己責任としてその不利益（能力による差別的処遇）が正当化されてしまう。しかも、その不利益は、ある特定の人たちに集中する。その背後には、「差別」や「貧困」といった構造的「仕掛け」があるにもかかわらず、本人の努力不足で説明されてしまう。学校は、「努力」することにかなりの価値を置いていることは、「努力点」などという言い方からも明らかなのだから、構造的問題はますます隠蔽されていく。

本来、その人がどのような知識・技能をもっているかとは関係なく、生存権（日本国憲法第25条）はしっかりと保障されていなくてはならないはずである。ある人たちが不利益を被ることになるのを無視して、一方的に（経済の論理等によって）、「これくらいの基礎的なことは知っておかなくてはならない」とか、「これからは〇〇が必要になるのだからしっかり学ばなくてはならない」とか、誰かを犠牲にしていることをカムフラージュする言い方（呪いの言葉）がばらまかれている。「基礎的」と言われる知識あるいは学力の「暴力」が、まるで格差を正当化する平等な尺度であるかのように、野放しにされている。

6 能力主義と優生思想

学校が子どもたちにとって安心できない場所になっている要因は、どこにあるのか。それは、将来のための「準備」だと言われながら学習しているからではないか。つまり、今、ここで学んでいる内容自体に意味を見出すのではなく、それが将来の自分の生活保障の条件になっていることに意味があると言われているわけである。子どもにとって、この状況は強烈な脅しになるはずである。学級のなかは、失敗が許されない雰囲気となるだろう。失敗した者は、他の子どもたちからは、「あのようになってはならない見本」のように見られ、近づかないほうがいい存在にさせられていくのではないか。当然、排除の力が働き、実際に、たとえば特別支援が必要だと言われて、学級から消えていくことになるだろう。

「準備」という発想は、学校教育を成立させるためには非常に便利である。まさに「予測不可能」という現在の教育政策が得意とするフレーズと同じで、漠然とした将来への不安を掻き立て、「どうなるかわからないぞ」と言われているのだから、とにかく必要だと言われたものに対応していくしかない。自分の意志とは関係のないことを、かなりの時間をかけて成し遂げていかなくてはならないのだから、相当につらいはずである。しかし、うまく成果を出せばほめてもらえるのだから、子どもとしては「がんばる」しかない。

この「準備」は、現実的には、受験の際に成果を発揮するとイメージされる。しかし、選抜というハードルがある限り、せっかく周到な準備をしてきたつもりでも、最後のところで失敗する可能性もある。そこで、塾に行くことはもちろんのこと、さまざまな対策を練ることになる。たとえば、高校受験をしないで済ませるために、中高一貫校に入ろうとする。結局、中学受験をすることになるのだが。また、大学付属の高校に行くことで大学受験を回避しようともする。ただし、その付属高校に入るための厳しい受験を突破しなくてはならないのだが。

このような発想は、人生の最初の時期にまでどんどんと遡って「準備」していくことを正当化してしまう。将来の生活の安定のために高い学歴を取得することが必要とされ、そのために塾に通い、家庭学習に一生懸命になり、保護者もその養育態度が問われ、良い成績に結びつくような家庭環境の整備に必死になる。もっとわかりやすく、3歳から掛け算の学習を始めたりするケースも珍しくなくなってきている。

このような「準備」は、どんどん低年齢化していく。胎教は、ずいぶん昔から話題になっている。では、もっと「逆算」し、遡っていくと、どこに行きつくのか。おそらく「遺伝子」だろう。「優秀な」遺伝子がほしい、ということになる。つまり、優生思想につながっていくのである。能力主義に基づく、優生思想。これが、日本の学校教育を支えている原理なのである。この部分から、根底的に変えていかないと、子どもたちは決して安心できない。

「安心できない」ということの具体は、自分の意志で、自分のペースで、自由に学んでいくことができないということである。

この点は、２０２２年９月に出された、国連の障害者権利委員会からの日本政府への勧告のなかでも指摘されていた。つまり、「優生思想や能力主義的な考え方と、そのような考え方を社会に広めたことに対する法的責任との闘いを目指し、津久井やまゆり園事件を検討すること（Review the Tsukui Yamayuri-en case aiming at combating eugenic and ableist attitudes and legal liability for promotion of such attitudes in society）」というように、具体的に、あの障害者虐殺事件を挙げて、指摘されたのである。

7 教員免許更新制度の廃止

ここまで、子どもにとっての「安心」を中心に考えてきた。しかし、それと連動して、教員にとっての「安心」も併せて検討していかなくては、学校全体は変わっていかない。

この点に関して、２０２２年、「教育公務員特例法及び教育職員免許法の一部を改正する法律」により、良いニュースと悪いニュースが同時に起こった。良いニュースは、教員免許更新制度が廃止（２０２２年7月1日より廃止）されたこと、悪いニュースは、それと引き換えに、教員研修制度での管理が厳しくなった（２０２３年4月1日より施行）ことである。

免許更新制度は、２００８年に施行が始まり、２００９年度から本格実施となった。10年に一度、3万円程度の費用を自己負担して免許の更新講習を受け、それに合格し、教育委員会に申請手続きをして、ようやく教員の職を続けていくことが許される。いわば、全国の教員は、10年任期の非正規の働き方をすることになったわけである。

この制度が教員志望者を減らす要因になっているのではないかと、当初から言われてきていた。それでも、更新講習の実施を大学が引き受けることで、講習内容自体には魅力があるといった声も聞かれた。また、母校で講習を受ける機会がある場合には、昔を懐かしむ気持ちになったり、大学側としても、現役の学校の教員に来てもらえることで大学の宣伝効果を狙ったりするなど、後づけ的にその制度自体に（本来の趣旨とは全く関係ない）意義を見出そうとする雰囲気も形成された。

いろいろな思惑が入り乱れつつも、結局、この制度は13年も続いた。教育についての最新の知識を更新していくのだというのが当初の狙いではあったが、そもそも目の前の子どもの抱える課題、学校の抱える課題とは離れたところで学ぶ機会を得たとしても、むしろ、多忙化に拍車をかけるだけだったろう。

したがって、この制度がなくなったことで、教員は、自分の職業的安定を脅かされることなく、安心して子どもたちと向き合えるようになった。

8 研修記録義務化の問題

ところが、この更新制は「発展的解消」をしたのであって、単純に廃止されたわけではない。引き換えに、任命権者に教員の研修についての記録の作成が義務づけられた。そもそも免許更新制度は、

2002年及び2006年の中央教育審議会答申でも確認されていたように、導入当初は、研修ではなかったのだから、それをどのように「発展」させても、「研修」制度の見直しには至らないはずなのである。しかし、いつの間にか、行政的には、更新講習の受講が「研修」であるかのような位置づけになってしまった。受講に伴う教員の負担を軽減するために、すでにあった10年目研修とかぶせるかたちで実施することが可能となったことも、今回の「発展的解消」を正当化する背景として指摘できる。

今回の教育公務員特例法の改正により、教員の行った研修は記録され、それに基づいて教育委員会（県費負担教職員の場合には市町村の教育委員会）が教員に対して、「指導助言」を行うことになった。研修履歴を見ながら、より有効な研修を推奨することなども想定されている。この場合、教員の資質向上という謳い文句が前面に出される。

では、記録される研修とはどのようなものなのか。教育委員会が実施するものはもちろんなのであるが、問題なのは、「その他任命権者が必要と認めるもの」とされている点である。つまり、教員が自主的に行う研修に対して、それが必要なものであるか（あったか）どうかを判断する権限を教育委員会がもつことになったと理解できる。どのような研修を受けてきたかが、その教員への指導助言の根拠とされるのだから、教員としては、教育委員会に認めてもらえるような内容の研修をしようとすることになるだろう。当然、自由な研修、子どもたちの実態に即した研修はできなくなっていくだろう。

この場合の「指導助言」は、おそらく教員評価（人事評価）に、仮に直接的ではなかったとしても、関連づけられていくと思っておいたほうがいい。免許更新制度のポイントは、教員としてこの後もやっていけるかどうかを判断し、場合によっては免許の更新を不可とするという判断もありうるという制度だったのだから、その発展的解消という筋立てのなかで研修が語られるのであるとすれば、当然、研修のあり方によっては、教員としての処遇のあり方の変化と関連づけられてくるのではないかとの懸念が生まれても当然である。

したがって、これへの対抗策としては、記録には、研修等の内容にかなり踏み込んだかたちで記載していくのではなく、日時と場所、また大まかなテーマ、あるいはどういうことと関連するものなのかを記載するといった程度にしておく必要があるだろう。

こう考えると、10年に一度の受講でよかった免許更新制度のほうが、管理される教員の側から見れば、何を受講するかの選択権があった分だけ自由度があったということになってしまう。更新制度の廃止だけで済めば、教員を安心させる法改正だったのだが、「発展的解消」によって、より強い不安材料を抱え込むことになってしまった。

おわりに

学校が安心できる場所になるかどうかは、子どもから見たときの問題と教員から見たときの問題との二つの側面から検討していく必要がある。そして、それがどう連動しながら、一定の構造をつくり上げていくかが、実証的に議論されていく必要がある。本章は、その入り口の部分であって、両者の関連を読み解くところまでは届いていない。それでも、「学校文化」と言われるような、学校という制度を支えている価値自体をどのような観点から批判していかねばならないかは明らかになっている。そのための有効な観点として、能力主義・優生思想があり、教員の資質向上を謳いながらの教員管理制度のあり方がある。今後、この分析の方向で、学校現場の研究が進められていくべきだろう。

子どもの側から見れば、家庭の経済状況によって学校での学習成果に影響が出てしまうようでは、権利保障の場にいるにもかかわらず安心して学べない。どんな環境にある子どもでも、学校という場では、十分に学びが確保されなくてはならない。これは、インクルージョンの発想そのものである。誰もがそこにいることができるという環境こそが「安心」を保障する。改めてインクルーシブ教育が重要な意味をもってくる。そのためには、それぞれの子どもの「生活」を支えている家庭との連携も不可欠となってくる。保護者も含めた「安心」の構築が目指されなければならない。

この場合、教員にそれだけの時間的、精神的余裕がなければ、そのような関係の構築は難しい。働き方改革が必要であることは言うまでもない。さらには、いろいろな課題に対応した自主研修が保障されていなくてはならない。しかし、これを断ち切る法改正が行われた。これにどう対抗していくかを考えていく必要がある。

子どもにとっても教員にとっても、「安心」を確保するには、最も単純に言えば、教員の数を増やすということが、まずは必要になる。今、カウンセラーなど、多くの枠組みで学校のなかに大人が入ってきているが、役割が小分けになってしまっているため、相互の連携がとりにくい。正規の教員がたくさんいるだけで、実はかなりの問題は解決に向かうはずなのだが。また、子どもから見ても、いろんな先生との関係を築いていける。

もちろん、一方で、根本的な働き方の変革を行わなければ、増やした教員の分だけ忙しい教員が増えた、ということにもなりかねない。「時間」の問題に矮小化せず、教員の「自律性」を重視した働き方改革が求められている。[6] 教員の仕事は、子どもの人生・生き方に関わる仕事だからこそ専門性が高いと言われる。子どもの現実から離れず、多様な背景をもった教員が必要だと感じる。

最後に、子ども観に関して、その根本的認識を確認しておきたい。子どもに対しては、何かを提供しなければ学べないと思わないほうがよい。子どもでも大人（教員）でも、本来、人は自主的・主体的に学ぶものだという人間観に立たなければ、「安心」の構築には向かわないだろう。

【注】

1 大内裕和（2017）『奨学金が日本を滅ぼす』（朝日新聞出版）などを参照。

2 これは、学校がどのような子ども観のもとで運営さているかという問題である。端的に言えば、子どもは、常に「未熟な」「不十分な」者として存在していなければならないのである。この点については、拙著（2021）『学びの本質を解きほぐす』（新泉社）を参照されたい。

3 福沢諭吉の『学問のすすめ』は、人々の平等を説いているように誤解されているが、学習の結果による差異（学力）に基づく処遇の違い（生活権が危うくなることも含めて）については肯定している。つまり、能力主義に基づいた社会像を説く、弱者切り捨ての思想である。当時としては、身分制からの解放による「自由」を明示した書だと位置づけられたかもしれないが、差別問題には踏み込めていない。

4 拙稿（2021）「Society 5.0への批判的検討試論——公民科教育法授業実践報告として」（中央大学教育学研究会『教育学論集』第63集、1～25頁）を参照。

5 拙稿（2008）「教員免許更新制の『ねらい』は何か」（『現代思想』36巻4号、152～162頁）を参照。

6 拙稿（2022）「給特法と教育労働を考える」（『公教育計画研究』公教育計画学会年報 第13号、八月書房、56～67頁）を参照。

まとめにかえて
――学校の安全保障は地域の力で

中村 文夫

1 教育を形づくる国家と地域と個人

近現代における国民国家は巨大に見えるが、日本では虚妄にしか見えない。小田実のいう「民」[1]の気持ちを調整して、まとめることができないままに、21世紀の4分の1近くまで来てしまっている。幕末と戦後の二度の不平等条約により、国家の安全保障にとらわれすぎた国政となってしまっている。

国民形成のための公教育も明治初めに始まって以来、その意図が成功しているとは言い難い。国民として統合する仕組みをつくれず、格差を固定し差別を助長する装置として機能してきた。それ自体もいまや放棄して、学校が地域から消滅している事態を腕組みして見ているだけだ。放棄することには、教育の公共性は不要となり、個人の責任に帰すという考え方も内包されている。「学校の安全保障」を考えてみても、もし温かいまなざしが残っているとしたら、地域から注がれているものだと思う。

私は教育について国家と地域と個人（家族）という三つが引き合う（あるいは反発し合う）中で形づくられるものと考えてきた。そのなかで、日本では地域という要素が強いにもかかわらず、それとして認めることは存外、弱かったと思う。また急に強調される場合には、隠された意図があるように思える。[2] 教育における地域のあり方は、それ自体大きなテーマである。歴史をおって問題を解き明かしたいところであるが、ここでは安全保障との関連から言えることに限定して話をまとめたい。

2 世均しの教育を

（1）三度の世均し

「親ガチャ」という生まれ育った家庭環境によって不平等が続く新格差社会の装置を学校が占めている。21世紀にもてはやされている個別最適化された多様な学びは、コロナ禍にあって災害便乗型の新自由主義的な教育施策（私のための教育）としての性格が顕わになっている。それは実力主義ではない。いわば学歴もその出自に多大に影響される。

教育機会の平等が形がい化した「私のための教育」では一部の階層にしか未来を開かないと、子どももその保護者も思えば、学校には行かなくなる。「令和3年度 児童生徒の問題行動・不登校等生徒指導上の諸課題に関する調査結果について」によると、小・中・高等学校等における不登校児童生徒数は30万人に迫ろうとしている[3]。

現状は、幕末・明治初期のようなエリート人材養成用の無償の官学と大衆用の有償の私的教育機関である寺子屋、そして郷学校などの地域立とも言える形態が混在していた時期を彷彿とさせる。格差を均《なら》す「世均しの教育」が必要と私は考えている。近代では格差が拡大した結果、これまで二度の世均しがあった。

一度目は幕末、明治初期。福沢諭吉の「門閥制度は親の敵」(『福翁自伝』)という言葉は、江戸期の身分による差別への腹の底からの怒りを言い表している。「いいじゃないか」の狂乱や、次々と富裕層への借金棒引き、幕府・領主層への減税要求を実現した各地の農民一揆は、世均しを目的とする世直しの運動だった。それは農村での協働、生活を介した集団的な場から湧き上がった。

昌平黌や藩校などの官学や寺子屋などの私学とは別に、たとえば、福沢がアメリカ並みの学校として評価した京都の番組小学校は、地域生活の用に役立つ教育機関として町衆から強制徴収した教育目的の「竈金」などによって設立・運営されていた[4]。

(2) 近代公教育の始まり前後

1869年1月の版籍奉還に続いて2月に「府県施政順序」が出された。そこには小学校設置奨励があった。これが契機の一つになって各地に番組小学校と同趣の新規の郷学校が生み出されてもいた。1872年の学制頒布が日本における近代公教育の始まりとばかりは言えないのである。

維新政府の人民支配の政策のなかで公教育政策を見る必要がある。士農工商を廃止し四民平等を掲げた明治政府は、公教育の実施だけではなく、1872年、国民の把握・統制を目的とする戸籍作成のため地方制度(戸長制度導入、庄屋・大庄屋制度廃止、大区小区制度導入)も変更、翌1873年には徴兵制を導入して、これまで武士階級のみであった軍務を国民すべての義務として制度化した。全金融機関口座の紐づけを目指すマイナンバーカード制度はその現代版ではないか。

公立学校の設置は、地域住民の民費と「受業料」に大きく依存していた。一方で集団的な教育の場で学ぶことの意義が浸透していた地域では歓迎し、「人民共立学校」と唱えた地域もあった。他方で子どもの労働力が奪われたうえ、日常の用に立つとは思えない学校(国民創出)の費用の強制的な捻出が耐えられない地域もあった。学校焼き打ちも各地で行われた。

明治政府の主要な課題の一つは、徳川幕府がアメリカ合衆国をはじめ西洋列国と結んだ不平等条約の解消であった。自由民権が国権に吸収されていったのはここに根ざしていた。四民平等は国家への義務の面だけであった。薩長土肥の藩閥政治を土台とする、有司専制は前時代の年貢以上に過酷な地租を原資に殖産興業、富国強兵を推進した。戦前の学校は、国のための安全保障の一つとして作用させられた。民の生活に必要な普段使いの学びを否定し、富国と強兵を担う国民創成用の機関として制度が整備されていった。

義務教育は尋常小学校のみで、その後は地主・大会社の社員・官員などの中間層以上の恵まれた家庭環境の子どもしか進学できない複線型の学校制度が出来上がった。格差拡大と軍事色を深めつつあった「時代閉塞の現状」は、やがて苦痛の総動員体制に至るものだった。敗戦は硬直化した社会が内部崩壊した結果とみえる。

この過程で、大正デモクラシーの教育では中間層以上のための私立学校などとは別に、他方に新潟県の木崎農民小学校など注目に値する学校も現れている。新潟平野の大地主に対抗する農民運動の一環として、それらの大地主が支配する公教育ではなく、「わたしたちの学校」をつくろうとの試みが存在し、そして弾圧された。そのような学校があったことは記憶にとどめておきたい。

戦中末期には、学校は軍需工場に転用された長野県飯田中学校のようなケースもあり[5]、子どもたちは勉強する機会を奪われていった。兵事等の場合は校舎設備の目的外使用が行えた「国民学校」は崩壊していったのである。大都市の小学生は、「学童疎開」を余儀なくされた。政府は国民の教育さえ放棄したのであった。

（3）国家の安全保障下の戦後公教育

二度目は、敗戦後の占領下社会で起こった。アメリカ軍を主力とした連合国による敗戦国日本国家の解体・占領体制のなかで、社会的には華族制度廃止、財閥解体、不在地主を追放しての農地改革そして教育機会の平等が推進された。格差を固定した戦前体制からの脱却を目指し、「戦後民主主義」という世均しが始められた。

1952年にはサンフランシスコ講和条約発効により主権が回復したはずであった。7年の占領が終了し、1960年に「日本国とアメリカ合衆国との間の相互協力及び安全保障条約第六条に基づく施設及び区域並びに日本国における合衆国軍隊の地位に関する協定」(日米地位協定)が平時の協定として結ばれた。しかし、朝鮮戦争が継続中のために戦時という現実があり、沖縄等への在日米軍の駐留は続き、しかも日米地位協定の中身はイギリス、ドイツ、さらにはフィリピンと比べても不平等性は明らかなものとなっている。

「日本国憲法」改正の議論をする前に日米地位協定を改定する議論を先行すべきではないだろうか。国家としての主権は未だ回復していないのが現在の日本と言える。

米軍基地の管理権があるイタリアと違い、地位協定で米軍基地の排他的使用権を日本は認めてしまった。

2004年の沖縄市宜野湾市にある沖縄国際大学に米軍ヘリコプターが墜落した事件では、事故直後から機体搬出までアメリカ軍が現場を封鎖し、日本の警察、行政、大学関係者は一切入れなかった。日本にある米軍基地から事実上の出撃を受けた他国家が日本の領土に攻撃をしないと考えることは難しいことである。領土内からの米軍出撃の判断は主権国家として当然に日本にあるべきである。

日米間において、日本の民の安全保障だけではなく、国家としても主権が回復される見通しは立っていない状況が今日まで続いている。

国内的には、戦時総動員体制を転用した護送船団方式で経済成長を果たし、欧米型の民主主義に希望を抱いた世代が、労働組合などの中間的な組織をあらゆる領域に築くことで、戦争をしない社会を長きにわたって維持してきた。

焼け跡の青空教室や二部授業で黒塗りの教科書から始まった戦後教育は、憲法に地方自治とともに教育条項も盛られ、門閥や資産、性別に関係なく平等に学校を開くものだった。

インフレに悩まされながらも地域が主体となり強制的な寄付や労働奉仕によって、誰でもが行ける中学校の新設や崩壊した小学校の建て直しが始められた。それは地域共同の事業としての世均しだった。柳田國男は1948年当時、「ずぬけた偉い者とか、村から他へ出てゆく者のみに力を入れて、村に住む人を忘れているような教育をやめて」当たり前の村人を育てる教育をしてほしいと語っていた。[6] その願いは半ば実現し半ば忘れられた。

「わたしたちの学校」を求める機運は高まっていた。地域の判断で任意設置の公選制教育委員会が埼玉県浦和市、川口市などの地方都市でも始まる。[7] 川口市や広島県本郷町では地域教育計画が構想された。しかし、戦後の経済成長を是とする生産力理論は克服できず、「村を育てる学力と村を捨てる学力」[8] とに引き裂かれていく。生まれ育った地域を大切にすることで自分自身も生かされるという視点が薄かったのである。

学校制度も小学校・中学校・高等学校・大学と単線型の制度として生まれ変わった。しかしそれは戦時への総動員体制が経済復興へのそれに転換したにすぎなかったとも言える。

（４）世均しから始まる21世紀の「わたしたちの学校」

戦後という言葉が会話から消えて久しく、特に21世紀になると、格差の固定した社会となり、既存の中間的な社会組織は色あせてしまった。社会のあらゆるところで世襲が目立つようになってしまった。コロナ禍にあって利権にあずかった者以外は出口なしの苦痛にうずくまって禍が過ぎ去るのを待つしかなかった。テレワークでは都市部に住む必要がないのと同様に、新幹線などが通るような利便性の高い「地方」に創設されていた私立学校には、富裕層の子どもたちが、さながら現代版「学童疎開」のように集まる事態も出現している。「親ガチャ」である。

この間、小さな子どもの足で通える地域の小さな公立学校は統廃合され、平等な教育機会が失われている。時間をかけて地元住民との合意形成を図った地方自治体ばかりではなかった。平成の大合併以降は特に自治体行政が、地元の意向を尊重した施策を行わなければ、コミュニティの空洞化は加速度的に深まる。過疎・少子化によって生じた「無学校地帯」や極小規模の学校しか残っていない地域には、新たなコンセプトのたとえばイエナプランを掲げる公立・私立学校がつくられたところもあり、また通信制教育に代替を見出す動きもある。

ほとんど公立学校の独占状態であった地方でもその構図が崩れてきている。特に高校では株式会社立も含む通信制学校・課程が学校数、生徒数（２０２１年度、約22万人、７％）とも拡大している。また、公立の遠隔オンライン教育網も始動している。そうなると課金によるゲームばかりではなく教育も通販生活ということだ。通信制学校・課程は、義務制でも始まる。他方では高校が道立から基礎自治体立に移管された事例が、三笠市立三笠高校をはじめとして北海道には存在している。地方の公立学校を存続させていく希望をここにもみたい。

21世紀になり、教育においても三度目の世均しの機運が満ち、行動を伴った強い声が上がり始めている。たとえば制服、校則、給食の中身や費用負担、デジタル化も含めた教材教具の使用方法や費用負担、あるいは学習塾などの学校外での活動にかかる費用に対して、である。

それらのなかには生徒指導の方策の一つとして有効視されてきた勝利至上主義の「部活動」は生徒数の減少と私立の強豪校化を背景として、学校外で請け負うこと（受け皿の市場化も危惧される）、そして、ＰＴＡの見直しも見受けられる（この件は後述）。

文部科学省「令和３年度子供の学習費調査」によれば、学習塾等の学校外活動費に世帯年収４００万円未満の公立学校の中学生でも年間26万３０００円がかかり、１２００万円以上の中学生は62万１０００円もかけている。公私教育の境目もあいまいになりつつあるなか、デジタル教育への参加程度は富裕度に比例していると推測でき、教育格差を増長させるものとみなされる。ましてや現代版「学童疎開」ができるのはほんの一部の家庭であろう。

コロナ禍があぶり出した学校教育への国家の無策と個人の放埒な光景。それは、コロナ禍が始まる以前から変質してきた学校の姿があらわになっただけとも言える。

人間の安全保障の実態化が三度目の世均しの底になければならない。学校の安全保障は、地域の声を集めた教育内容を無償によって実現するなかにある。文部科学省が告示する「学習指導要領」は大綱化が望ましい。障害の有無にかかわらず、また外国にルーツをもつ児童生徒も同じ地域の学校で共に学び共に育つことが重要である。競争ではなく、ともに助け合いながら地域で生きることを学ぶ教育への転換が鍵となる。これからの課題は、誰でもが平等に学びを得られる「わたしたちの教育」へのさまざまな改善の取り組みと、それを結びつけるリアルな場の再構築である。

軸となるのは国家でも、グローバル人材として地域から離れて学校を選択する個人でもなく、地域である。地域のあり方も東と西では相違してきたであろう。[9] 地方と日本の中心都市（東京や大阪・京都など）との関係で都鄙を語るのは偏狭な視点である。島国である日本は各地域間でじかに、そして世界中とも直接につながることができたのである。内も外もつながる地域から世均しを組み直そう。

世均しの仕掛けは、これまでの失敗に学び、未完の試みを再開することから始めたい。地教行法で潰された教育委員の公選制の復活が必要である。これまでも準公選制などの試みは東京都中野区などで短期間試みられた。また任命制教育委員会制度内で立候補制を導入している自治体も存在する。たとえば埼玉県内では２０１０年に富士見市が実施した。また白岡市が新たに２０２２年12月に公募を始めている。

それとともに地域・保護者・児童生徒そして学校教職員のそれぞれの代表による学校運営のための合議制組織は必須であろう。「わたしたちの学校」は自発的な地域立学校が条件である。そこではじめて人間の安全保障として教育が成り立つ。その学校の教職員は、資質能力による切り分けによってではなく、洋の東西・歴史を超えて通じる「後生可畏」[10] という子どもたちをリスペクトする謙虚な姿勢によって応ずることだ。

3 コミュニティ・スクールの本当の狙い

(1) 地域と学校の課題

「はじめに」において、「国家と個人のみを考えるのではなく、地域(コミュニティ)の社会関係資本の充実をベースとすることによって育まれる人間の尊厳を最優先にすること。人と人との接触によって人が育つことを常に念頭におくこと、つまり安全保障を国家の論理ではなく私たちの論理——それは小田実が述べた『民』の論理であるが——に立脚することが重要である。そのなかに公教育の役割があると考えたい」と書いた。

1970・80年代にさまざまに「地域教育計画論」が立てられた。岡村達雄は、海老原治善の論理を「70年代における国民の教育権論の再編から教育計画論への移行のなかで、国家に対抗する地域とそこにおける教育力を媒介にして、〈国民への自己形成〉にたどりついたのだと思う」「以上のようにみると、80年代における国民教育論批判の課題は、もっとも原則的に言うならば、〈国民・国家〉という枠組から教育を解放していく試みとしてたてられるのでなければなるまい[11]」と言及している。岡村の「すくなくとも、われわれは〈国の民〉をめざすのではないということ、〈国〉を超えていく民と民とのつながりを、教育変革の実践的課題として探求することだと思う」という視点はグローバル時代の諸局面でさらに重要な指摘となっている。

(2) コミュニティ・スクールの経過と現在

それでは近頃、文部科学省が推奨している「コミュニティ・スクール」によって「わたしたちの学校」は可能になるのだろうか。

文部科学省が推奨しているかたちの「コミュニティ・スクール」は学校運営協議会として、2004年の地教行法改正により始まった。全国の公立小・中・高校・義務教育学校・特別支援学校等におけるコミュニティ・スクールの数は、20年弱経過してもわずか1万5221校(導入率42・9%、2022年5月)。国策が浸透しない困難さはどこにあるのだろうか。

佐藤晴雄の『コミュニティ・スクールの成果と展望』はその経過が詳述されている。[12] 文部科学省が学校運営協議会と認定する法定三原則がある。

学校運営協議会は、⑴学校運営に関して、教育委員会や校長に意見を述べること、⑵校長の作成した方針等を承認すること、⑶当該校の教職員の任用に関して意見を述べることなどの権限が与えられている。学校運営協議会は各学校に設置できるが、その指定は学校を管理する教育委員会が行うものとされる。法的根拠は、地教行法である。法の一部改正により2017年4月から、教育委員会にコミュニティ・スクール導入が努力義務化された。

このようなかたちになるまでの経緯を追ってみよう。2008年教育改革国民会議委員であった金子郁容が主張するチャーター・スクール(アメリカ合衆国発の公設民営学校)志向の「コミュニティ・スクールの戦略的活用」によって議論が始まる。

しかし、「ガバナンス重視型のコミュニティ・スクールが構想され、実践研究校の五反野小学校がイギリスの学校理事会をモデルにしたガバナンス要素の強いコミュニティ・スクールを生み出し、結果として現在のコミュニティ・スクールが創設されることになった」と佐藤は語る。

佐藤が構想するスクール・ガバナンスは、「学校運営過程に保護者・地域住民・第三者等の多様なアクターが参画し、学校との相互協力を図りながら学校改善のアイデアの創発に努め、同時にモニタリングと評価を通して自律的学校経営を目指す考え方ないしシステム」だと定義している。これは当時、民主党政権が唱えて流行った「新しい公共」に通じるものであった。

学校運営協議会と学校支援地域本部（中央教育審議会答申「今後の地域における学校との協働体制の在り方について」2015年12月）では「地域学校協働本部」）との一体的な運営を図るように転換した。佐藤は「今後、学校支援活動などソーシャル・キャピタルの側面に主軸が移り、ガバナンスとしての機能が弱体化することも十分予想できる」と危惧している。

ガバナンス重視であろうとソーシャル・キャピタル重視であろうと、コロナ禍に際して学校運営協議会がある学校で特段の防疫が築け、学校が開かれ続けられたのか、それ自体も明らかではない。学校の安全保障の観点が感じられないコミュニティ・スクールは広がりようがない。

欠けているものは何か。それは、ガバナンスを具体化するために必須の学校運営協議会委員の公選制であり、地方・学校独自の財政とそれによって実施可能な地方分権に基づく教育課程の決定権であったと考えられる。そこでは、地域の寄合の一つとして、みんなが納得するまで話し合いを尽くして意思決定をするという言葉本来の民主的な会議にこだわることである。当然当事者である児童生徒は参加する。そして姿が互いに見える関わりのなかで合意の遂行である。このような仕組みの欠けた場合は特定の人々の恣意に沿った公教育となってしまう。

では、コミュニティ・スクール関連で進行している事態をどのようにとらえたらよいのだろうか。いま進行しているのは、敗戦直後に戦中の父兄会・母姉会が衣替えしたような教師と親の会（ＰＴＡ：学校単位では役員決めやイベントの動員などへの不評。全国組織からの県単位組織の脱退傾向）を戦力外とみなし、代わって、学校の支援的な業務を外部委託する受け皿づくりが進められているにすぎない。それは地域が主体となった学校づくりのためのガバナンスではなく、地域・保護者の金銭的、肉体的労務提供でさえなく、教育活動の市場化・産業化のための戦術的な方便とでも言えるものである。

（3）学校教育の放棄ではなく安全保障を

「教師」の働き方改革のあれこれ、たとえば部活動の外部化が始まろうとしている現在こそコミュニティ・スクールという制度のゆくえを冷静にみなくてはならない。部活動の地域化について、学校で実施していた以上の社会的保障が全国満遍なく用意できるわけではないことから、市場化・産業化は必至であり、それこそがこの間の政策的な目的と考えられる。２０２２年6月6日に示されたスポーツ庁「運動部活動の地域移行に関する検討会議提言」では、「スポーツ指導者の質・量の確保方策」「スポーツ施設の確保方策」だけでなく「会費の在り方」「保険の在り方」についても具体的課題への対応が検討されている。学校教育の民営化・市場化に向けた巧緻な仕掛けは、教員の働き方を楽にさせるためのものでさえない。学校スリム化を行うための戦術的な迂回であり、その最終局面に立たされているのが現在である。

たとえば、国家レベルの安全保障ではアメリカ合衆国などでは軍事の民営化が進んでいる。兵器のハイテク化や情報通信システム運用には民間技術者を必須としている。アメリカ合衆国では民間軍事会社（PMC）へのアウトソーシング（傭兵化）はアフガニスタンなどの侵攻で見たとおりである。

日本の教育でも公私区分があいまいになるだけではなく、部分ごとの業務から虫が喰うように民営化が広がっている。特にデジタル教育では民間技術者の関与は不可欠となっている。

「教師」の働き方改革も、そしてコミュニティ・スクールの行方もどこに本当の狙いがあるのか。それは学校・教育のための安全保障となるのか突き詰めて問わねばならない。それはガバナンス重視かソーシャル・キャピタル重視かの問題ではない。重視すべきは民意をつくり出すための徹底した議論、すなわち21世紀の寄合である。[13]

平成の大合併後の文部科学省のコミュニティ・スクール政策が学校統廃合に寄与した地域もある。また学校支援地域本部が作動するための枠組みでもある。学校支援組織の名称はめまぐるしく変わり、様相も変化したにしても、民間人校長が仕掛けた杉並区立和田中学校の新自由主義的な実践の全国化である。

それなりに時間と労力をかけて関わって人々の熱意が空しくされていることに遺憾の思いがある。改めて、文部科学省が思い描くことがないところで、地域立公立学校を紡ぐことが大切と念じる。原点に戻ろう。

コミュニティ・スクールの経過に限って言えば、創成期に児童生徒も参加するなどの多様なかたちのコミュニティ・スクールがあった時点まで戻ってみるしかないと思う。1992年に革新市政であった川崎市は地域教育会議を中学校区等に設置した。このことから始まり、1997年に高知県では「土佐の教育改革」が始まり、1999年に埼玉県鶴ヶ島市では児童生徒が参加した学校協議会を実施していた。

1996年、教育総合研究所は報告書「教育の自治と地方分権」(市川昭午代表)を発表した。1998年には自治労自治研地域教育政策作業委員会は嶺井正也を中心に、市民参加の決め手として「学校協議会」の設置を含めた「教育を地域に取り戻すために―15の提言―」をまとめている。私も参加している。しかし継続することはできなかった。

他方では1995年に経済同友会レポート「学校から『合校』へ」が発表されたことを皮切りに、1996年には中央教育審議会答申「21世紀を展望した我が国の教育の在り方について(第1次答申)」では「開かれた学校」「学校のスリム化」とともに「学校・家庭・地域社会の連携」が示され、やがて地域の自主的な試みは抑え込まれていった。

国家が自らの負担軽減の方策として民営化を図り、地方自治体が学校教育の実施主体から民営化した学校等の管理へと転ずる道が拓かれている。それでは教育における安全保障は人間の顔をもてない。

官製コミュニティ・スクールの鋳型から漏れた創成期のいくつかの試みに第3の世均しに至る可能性があるのではないか。公教育も含めて民の安全保障への転換を具体化していかねばならない。

世均しの教育の歴史を振り返り、地域からの点検と細部にこだわったつくり直しから始めることが、個別課題を貫いた足元から学校の安全保障を実現する途である。

＊初出「2　世均しの教育を」の箇所は、『都政新報』主張欄に掲載された「世均しの教育を　リアルな場づくりから」（2021年11月12日）を本書の趣旨に合わせて書き直したものである。掲載することを承認していただいている。

【注】

1　小田実（1989）『「民」の論理、「軍」の論理』岩波書店。

2　大島美津子（1977）『明治のむら』教育社。本書によれば、明治末期から始まった地方改良運動は内務省が推進し、報徳精神というイデオロギーを掲げながら、実態は徴税、貯蓄等の奨励である。たとえば人々に「淳風美俗」という簡素な生活を強いて、部落ごとの共同貯蓄という新たな増税（軍資金への献納、学校基本財産の造成など）を担わせた。自発を促すために宗教家とともに「教育家」からの訓育による影響が求められていた、との内容が記されている。

3　文部科学省（2022年10月）「令和3年度　児童生徒の問題行動・不登校等生徒指導上の諸課題に関する調査結果について」。

4　福沢諭吉（1991）「京都学校の記」『福沢諭吉教育論集』岩波書店。文末に「明治五年申五月六日」とある。

5　飯田中学校工場再現文集刊行合同幹事会（2013年5月21日）『中学校が軍需工場になった――長野県飯田中学校生徒たちの昭和20年（1945）の春夏』。

6　柳田國男（1983）「郷土生活の中にある学校」『柳田國男教育論集』新泉社（初出『明日の学校』

1948年6月号)。

7 中村文夫(2014)「任意設置教育委員会の教育行財政――埼玉県桶川町の事例から」『公教育計画研究』第5号、公教育計画学会。

8 東井義男(1958)『村を育てる学力』明治図書。

9 網野善彦(1982)『東と西の語る日本の歴史』そしえて。(1998)講談社。

10 孔子『論語』金谷治訳注、岩波書店。

11 岡村達雄(1982)「戦後教育はどこで超えるか」『季刊クライシス』第13号。

12 佐藤晴雄(2017)『コミュニティ・スクールの成果と展望――スクール・ガバナンスとソーシャル・キャピタルとしての役割』ミネルヴァ書房。

13 中村文夫(2022)「わたしたちの学校のために――学校統廃合が進む。若者から流出する」『ながさきの自治』第85号。

あとがき

■中村 文夫

コロナ禍とロシアによるウクライナ侵略に象徴される疫病と戦争の世紀が始まった。富裕層が一層富裕になり、他方で中間層と貧困層とのシキイがなくなり生活苦に沈もうとしている。政府は軍拡競争にのめり込んでいる。この時代に教育はどのような局面に立たされているのか。従来の教育への発想では済まない事態が到来していると思う。

明石書店から『子どもの貧困と公教育』（２０１６）などを私は刊行している。その縁で編集部部長の神野斉さんに相談するうちに、企画の構想が整った。私がとりまとめるかたちで友人・知人の参加を得て、学校・教育の領域について、安全保障という視点から切り込む一冊の書籍が生まれた。

＊

住友剛さんとは以前、学校の安全について共著を出版する企画を立てていたが、互いの体調不良で中止を余儀なくされた経緯があり、今回はかたちを変えたリベンジである。

２０２２年９月に国連障害者権利委員会より第１回日本審査の総括所見が出された。その会議の主旨が日本で定着するための活動に一木玲子さんは忙しい。その中で考えたロードマップを示している。

厳しい学校統廃合の現実と残存の学校が直面している悲惨な状況、その現実を豊富なオリジナル・データから明らかにする論考を武波謙三さんに頼んだ。自治労学校事務協議会での長年の友情に甘えたかたちとなった。

「学力の向上」は現状から脱出するための手段と受け止められてきた。同和教育政策の実践を取り上げることでその是非を佐藤雄哉さんは問うている。

池田賢市さんは、子どもも教員も安心して授業に臨める環境にはない、その原因は学校という制度を支えている価値自体にあるとして、問題提起を行っている。

私は学校の安全保障について、井上定彦さんからのアドバイスや関連資料の紹介を得たことが方向を定めることにつながった。こうして学校給食、デジタル教育、地域との関わりを安全保障の視点から検討することができた。

この論集のいずれの論考も、学校の安全保障という新たな視点によって足元からの課題にチャレンジしている。ただし、取り上げる領域もアプローチの仕方も相違している。その相違が教育を土台にした安全保障を論じる幅や取り組みの広がりにつながることを願っている。

短い期間で刊行にこぎつけることができた。それは編集者神野斉さんの企画力と伊得陽子さんの編集実務の力である。深く感謝する。

２０２３年2月

佐藤 雄哉（さとう　ゆうや）
中央大学文学部、東京学芸大学大学院教育学研究科（修士）修了。
東京大学大学院教育学研究科研究生。
[専門分野]
近現代教育史、人権教育論
[主な著書・訳書]
「解放子ども会の『学習塾化』と『解放の学力』」（『明日を拓く』第131号、東日本部落解放研究所、2021年）、「障害者権利条約一般的意見第4号『わかりやすい版』」（共訳『季刊福祉労働』第171号、2021年）
＊執筆分担章：第6章

池田 賢市（いけだ　けんいち）
中央大学文学部教授。博士（教育学）。
[専門分野]
教育制度学、人権教育論
[主な著書]
『フランスの移民と学校教育』（単著、明石書店、2001年）、『「特別の教科 道徳」ってなんだ？』（共著、現代書館、2018年）、『学びの本質を解きほぐす』（単著、新泉社、2021年）、『人の移動とエスニシティ』（共編著、明石書店、2021年）
＊執筆分担章：第7章

▌執筆者紹介（執筆順）

住友 剛（すみとも　つよし）
関西大学文学研究科教育学専攻博士後期課程単位修得後退学。
京都精華大学国際文化学部教授。
[専門分野]
生徒指導、学校安全、子どもの人権論ほか
[主な著書]
『はい、子どもの人権オンブズパーソンです』（単著、解放出版社、2001 年)、『新しい学校事故・事件学』（単著、子どもの風出版会、2017 年）
＊執筆分担章：第 1 章

一木 玲子（いちき　れいこ）
東洋大学人間科学総合センター客員研究員。
[専門分野]
教育制度学、障害のある子どものインクルーシブ教育制度
[主な著書・訳書]
「障害者権利条約一般的意見 4 号『わかりやすい版』」（共訳『季刊福祉労働』171 号、2021 年)、「なぜ、国連は特別支援教育中止を勧告したか」（『季刊福祉労働』173 号、2022 年)、「国連障害者権利条約一般的意見 4 号におけるインクルーシブ教育の定義」（『教育学論』第 64 集、中央大学教育学研究会、2022 年）
＊執筆分担章：第 2 章

武波 謙三（たけなみ　けんぞう）
下関市立大学経済学部修了。元公立小中学校事務職員。
教育行財政研究所研究委員。
[主な著書]
「学校事務共同実施の批判的考察」（『公教育計画研究』 2 号、2011 年)、「学校職員の病気休職者割合等の比較分析」（『学校事務』8 月号、2020 年)、「非正規教職員の実態とその考察（７）」（『公教育計画研究』13 号、2022 年）
＊執筆分担章：第 3 章

編著者紹介

中村 文夫（なかむら　ふみお）

立教大学法学部、明星大学通信制大学院（修士）修了。教育行財政研究所主宰。

［専門分野］

教育行財政学、学校事務論、教育地方自治論ほか

［主な著書（単著）］

『子供部屋の孤独』（学陽書房、1989年）、『学校財政』（学事出版、2013年）、『子どもの貧困と公教育』（明石書店、2016年）、『子どもの貧困と教育の無償化』（明石書店、2017年）、『学校事務クロニクル』（学事出版、2020年）、『アフター・コロナの学校の条件』（岩波書店、2021年）

＊執筆分担章：はじめに、第４、５章、まとめにかえて、あとがき

足元からの　学校の安全保障

無償化・学校環境・学力・インクルーシブ教育

2023年3月31日　初版第1刷発行

編著者　中村文夫

発行者　大江道雅

発行所　株式会社明石書店

〒101-0021 東京都千代田区外神田 6-9-5

電話 03（5818）1171

FAX 03（5818）1174

振替　00100-7-24505

https://www.akashi.co.jp/

装丁　金子　裕

印刷・製本　モリモト印刷株式会社

ISBN978-4-7503-5568-9

（定価はカバーに表示してあります）

教育は社会をどう変えたのか
個人化をもたらすリベラリズムの暴力
桜井智恵子著 ◎2500円

教育福祉の社会学 〈包摂と排除〉を超えるメタ理論
倉石一郎著 ◎2300円

社会の周縁を生きる子どもたち
家族規範が生み出す生きづらさに関する研究
志田未来著 ◎5400円

戦後日本における反差別教育思想の源流
解放教育思想の形成過程 板山勝樹著 ◎4500円

いじめ・自殺はなぜなくならないのか
司法と教育現場の連携による問題解決へ
児玉勇二著 ◎2400円

子ども食堂をつくろう! 人がつながる 地域の居場所づくり
NPO法人豊島子どもWAKUWAKUネットワーク編著 ◎1400円

子どもの貧困と地域の連携・協働 〈学校とのつながり〉から考える支援
吉住隆弘、川口洋誉、鈴木晶子編著 ◎2700円

子どもの貧困対策と教育支援 より良い政策・連携・協働のために
末冨芳編著 ◎2600円

子どもの貧困と教育機会の不平等 就学援助・学校給食・母子家庭をめぐって
鳫咲子著 ◎1800円

子どもの貧困対策としての学習支援によるケアとレジリエンス
理論・政策・実証分析から
松村智史著 ◎3500円

子どもの貧困と「ケアする学校」づくり
カリキュラム・学習環境・地域との連携から考える
柏木智子著 ◎3600円

子ども支援とSDGs 現場からの実証分析と提言
五石敬路編著 ◎2500円

子ども虐待と貧困 「忘れられた子ども」のいない社会をめざして
松本伊智朗編著
清水克之、佐藤拓代、峯本耕治、村井美紀、山野良一著 ◎1900円

二極化する若者と自立支援 「若者問題」への接近
宮本みち子、小杉礼子編著 ◎1800円

社会的困難を生きる若者と学習支援
リテラシーを育む基礎教育の保障に向けて
岩槻知也編著 ◎2800円

シリーズ・子どもの貧困【全5巻】
松本伊智朗編集代表 ◎各巻2500円

〈価格は本体価格です〉

子どもの貧困と教育の無償化

学校現場の実態と財源問題

中村文夫［著］

◎A5判／並製／200頁　◎2,700円

先進諸国の中でもきわめて高い教育費負担が課される日本だが、政府の側においてもその軽減に向けた議論が活発化している。教育財政に長年関与してきた著者が、子どもの貧困問題の解決と公教育の無償化への道筋を具体的なデータをもとに論じる。

《内容構成》

〈価格は本体価格です〉